2024年优秀职工
岗位成才故事

国网河南省电力公司工会　主编

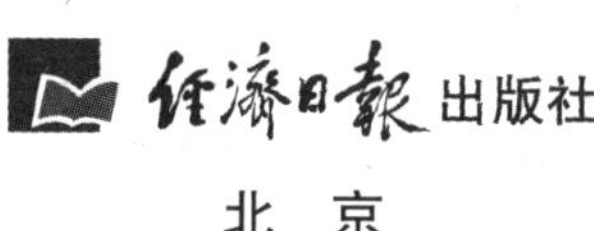

北　京

图书在版编目（CIP）数据

2024年优秀职工岗位成才故事 / 国网河南省电力公司工会主编. -- 北京：经济日报出版社，2025.5

ISBN 978-7-5196-1549-9

Ⅰ. K828.1

中国国家版本馆CIP数据核字第20241HQ365号

2024年优秀职工岗位成才故事
2024NIAN YOUXIU ZHIGONG GANGWEI CHENGCAI GUSHI
国网河南省电力公司工会　主编

出版发行：经济日报出版社
地　　址：北京市西城区白纸坊东街2号院6号楼
邮　　编：100054
经　　销：全国各地新华书店
印　　刷：石家庄市文教印刷厂
开　　本：710mm×1000mm　1/16
印　　张：12.75
字　　数：190千字
版　　次：2025年5月第1版
印　　次：2025年5月第1次印刷
定　　价：42.00元

本社网址：www.edpbook.com.cn，微信公众号：经济日报出版社
请选用正版图书，采购、销售盗版图书属违法行为

编 委 会

目录
CONTENTS

闪耀青春之光　汗水铸就工匠

——记国网巩义市供电公司营销部智能用电班班长　周鹏冲

周鹏冲是巩义市供电公司一名普通的电力职工，18 年来亲历了公司售电量的高速增长和高质量发展，先后从事过电能计量、营销信息系统管理、营销稽查、反窃查违等工作，现任智能用电班班长。自参加工作以来，他始终坚守“人民电业为人民”的初心，以勤奋和创新驱动业务进步，使自己的技术专长和管理能力得到了完善和提升。2017 年 6 月，加入中国共产党，2023 年荣获郑州市劳动模范，工作中以更高的标准要求自己，积极发挥共产党员的先锋模范作用，在多个项目和工作中，凭借自己坚实的专业背景和不断探索的精神，为公司在电力营销和优质服务领域作出了自己应有的贡献。

勤学善思、敏行创新

周鹏冲始终以“爱岗敬业，勤于钻研”为准则，努力学习电力相关知识和电力信息化系统，积极参加培训班和技能竞赛，主动向同事请教技术问题，使自己的工作经验不断积累，业务技能不断提高。在电能计量和营销信息系统管理的岗位上，负责攻关并获得了“电能量综合管理系统有功电量差动越限事件判断方法”发明专利，该方法能够准确高效地监控电能计量装置状态，显著提高了工作与监控效率，极大提高了发现、处理电能计量故障的时效，确保了电能计量装置的准确性，为公司挽回了 28 万余元的经济损失。和同事共同努力完成了公司 27 万余只智能表的推广和用电信息采集系统的建设，确保了多项功能的实现，如线损分析、配变监测和电能质量在线监测、智能缴费等，为电力用户提供了用电情况的实时查询。渠道多样、方便快捷的缴费方式，大大减轻了公司电费回收压力。负责完成了营销客户服务信息的采录工程，实现了电力各信息系统数据共享，有效支撑电力故障定位、停电范围定位、业扩报装等业务，进一步提升了公司的供电服务水平。

精益管理、提质增效

在营销稽查和反窃查违的岗位上，周鹏冲带领团队常态化地开展营销稽查工作，全面监控公司各营销业务运营状态。通过利用用电信息采集系统和营销智能稽查监控平台，分析并整改了6000余条异常数据，为用户退还电费51万余元。带领团队对分析出的用电异常用户进行逐户现场深入检查，对违约、窃电行为进行取证、固证并处理，为公司挽回了480万余元的经济损失，为公司打造了公平、公正的电力营商环境。

勇于担当、履职尽责

在新冠疫情期间，受公司选派参与巩义市疫情防控领导小组企业复工组的重要工作，他不畏艰难，常常工作到深夜，依托电力信息系统，精准监测和分析巩义市规模以上工业企业的日用电量。每日编制的《巩义市分区域工业用电恢复率》和《企业复工电力指数》电力大数据报告，为政府及时准确调整疫情防控和经济恢复策略提供了重要支撑，他辛勤的工作和专业的能力赢得了领导和群众的一致赞誉，并受到巩义市疫情防控领导小组企业复工组特别发函表扬，为推动巩义经济平稳运行和社会和谐稳定作出了贡献。

劳模不仅是一份荣誉，更是一种鞭策和激励。在巩义经历“7·20”特大暴雨灾害时，周鹏冲不顾个人安危，深入到抗洪抢险保供电的前线，以“舍小家，顾大家”的精神保障了电力供应的稳定。面对道路积水和交通受阻的重重困难，他组织并确保了计量抢修物资的及时配送，大大加快了受损设备的恢复速度。同时，充分利用电力信息化系统，对全市电力线路，公、专变台区的用电情况进行了细致的分析，实时掌握受灾区域的电网状态和恢复进度，这些准确的数据为公司在灾后抢修中的决策提供了宝贵的参考，针对周鹏冲在此次应对特大暴雨抗洪抢险保供电中的表现，公司授予其“先进个人”称号。

作者：王晶

从退伍军人到带电作业尖兵

——记国网郑州航空港区供电公司张庄供电所副所长　皇甫晓龙

6月1日至6月4日，国网河南省电力公司2024年配网不停电技能竞赛在省公司技培中心成功举办。经过激烈角逐，郑州公司代表队勇夺团体一等奖，港区公司皇甫晓龙荣获主业组第一名的好成绩。

仲夏时节，夜晚中的河南省电力公司技能培训中心，在城市的喧闹中显得别样的幽静。见到皇甫晓龙时，他刚刚结束了一天的培训，并参加了一场测试，90分钟200道题，他仅用10分钟便轻松完成，取得97.5分的超高成绩，他笑着说“熟练到不用读题就能选出正确选项”。

6月初，他代表国网郑州供电公司参赛并获得省公司2024年配网不停电作业能力竞赛个人第一名，他靠着平时扎实的理论基础和全省高手现场比拼，最终摘得桂冠。

成绩背后付出了哪些努力？他又有哪些故事？我们一起走近本期人物——国网郑州航空港区供电公司张庄供电所副所长皇甫晓龙。

集训磨砺，铸就荣耀时刻

1989年出生的皇甫晓龙，自2009年12月退伍后，便怀揣着满腔热情，毅然投身于电力事业的热辣滚烫中，至今已有17年。

在得知省电力公司6月初举行2024年配网不停电作业技能竞赛，18个地市公司同台打擂时，皇甫晓龙积极备战。经过选拔和公开推荐，皇甫晓龙被推荐代表港区供电公司参加个人项目的角逐。

为了在竞赛中脱颖而出，皇甫晓龙进行了艰苦的集训。集训，也是多人竞争，5个人最终挑出1个人代表郑州公司参加全省比赛。

比赛分为理论和实操两个部分。理论部分需要大量地背诵。清晨五点，当大多数人还在梦乡，皇甫晓龙已开始埋头苦读，背到七点半，然后开始一天的集训。一有时间，就拿题库进行背诵和刷题。他自嘲："上学都没有这么努力过。"

实操环节，五月的酷暑，基地空旷，烈日炎炎，他经常训练到夜晚十一二点，每天仅睡三四个小时，每天都要汗湿两身衣服，墨绿色的工装经常汗渍斑斑。

初进集训时，他也曾有过自我怀疑，但军人使命必达的责任感让他不敢有丝毫懈怠。他深知这次比赛不是他单打独斗，而是整个港区供电公司的希望，代表领导和集体的信任，代表整个公司的实力和水平。凭借着坚定的信念和顽强的毅力，他在一次次考试中证明了自己。

集训期间，皇甫晓龙还肩负着张庄供电所的重要工作。该所辖区有多家重要用户，配网设备运维量位居港区公司前列，工作压力巨大。然而，哪怕是在晚上两三点接到紧急电话，他也毫无怨言，全力保障供电所的正常运行。

经过一个多月的集训，皇甫晓龙最终脱颖而出，成为唯一一个代表郑州公司参加个人项目竞争的参赛者。

比赛环节，皇甫晓龙凭借过硬的专业技能、扎实的理论功底、超强的心理素质、娴熟的操作技巧，最终在 18 个地市公司参赛者中夺得冠军。

"军人锻造的良好心态，以及把平时训练当成考试、考试当成训练的心态帮助了自己。"皇甫晓龙谦虚总结道。

良师引路，传承工匠精神

皇甫晓龙的成长并不是一开始就动力满满，他说刚进入电力行业，也没有明确的目标，曾一度陷入迷茫。

幸运的是，在职业生涯的关键期，他遇到了职业生涯中的伯乐/引路人——虎新合。"提起虎新合，可能很多人不一定知道，但是提起'老虎'这个绰号，可以说上至领导，下到基层员工，没有人不知道的。"皇甫晓龙提起恩师骄傲不已。

"老虎"不仅以精湛专业的配电技能令人叹服，同时，踏实稳重、提携年轻人、无私奉献的为人处世之道也深受大家尊敬。

他们一同工作的五年里，无论工作还是生活，“老虎”既是师傅，又像父亲，更像是朋友，影响着、激励着皇甫晓龙。

皇甫晓龙动手能力强，爱修理爱拆卸。“老虎”看在眼里，告诉他“如果你喜欢一个东西就要一直钻研，不要害怕寂寞，只要坚持，肯定有你发光的时候”。“老虎”的这句话如同烙印镌刻在皇甫晓龙的心中，一直激励着他、影响着他。

目标远大，攀登永不止步

2018 年，加入港区供电公司后，看到身边优秀的人越来越多，皇甫晓龙觉得“不能只会干活，还要像身边的人一样考取职业技术资格等各类证书”，不断提升技能水平和专业素养。

他 2019 年考取了技师证，2020 年取得了工程师证，是公司目前进军带电作业领域的首位“双师型”人才。学无止境，精进不息。“明年可以考高级技师，实现自己职业生涯的更大突破。”皇甫晓龙信心满满地说。

他还有一个更大的目标，11 月中国电力企业联合会举行全国 2024 年配网不停电作业能力竞赛，河南省遴选 12 名选手，代表全省去参加全国这一重大比赛，“我还要继续努力，希望能够选拔上，去更大的舞台证明自己”。

在未来的道路上，他将继续砥砺前行、不懈奋斗，为实现自己的人生目标和电力事业的繁荣发展贡献更多的力量。正如他的微信昵称“宋光明”所寓意的那样，他要用自己的专业与热情，为一方光明保驾护航，守护千家万户的安宁与温暖。

作者：陈坤

从一线到管理，不断挑战自我的电力人

——记国网荥阳市供电公司营销部刘河供电所所长　武迪

武迪，今年 35 岁，2010 年 12 月参加工作，先后在变电运维班、运维检修部、营销部乡镇供电所担任职务，现任国网荥阳市供电公司营销部刘河供电所所长、党支部书记。

职业生涯的起点与成长

新入职的员工总是活力四射的，但新鲜劲儿过后，变电站日复一日的重复性操作、严格的规定性动作总会让人热情减退，使工作变得枯燥乏味，而“愿吃苦，能学习，爱琢磨”是武迪留给同事的第一印象。在变电运维工作中，他主动承担倒闸操作任务，参与编写停、送电方案和典型操作票等工作，喜欢向“老师傅”请教学习事故预想和应急处置预案，不断提高自己的专业知识和岗位技能水平，以便更好地适应工作需求。而后在运维检修部工作期间，承担起县域生产管理 PMS1.0 系统升级至 PMS2.0 系统变电专业的推广应用工作，负责完成荥阳公司 20 座变电站的设备台账核查治理和变电一次系统图的绘制录入以及电网实物资产管理等工作。在运维管理工作中，不断探索新的管理方式方法，提升专业运维管理水平。

岗位变动与新挑战

在 2020 年，武迪通过公司内部的岗位竞聘，从原先的岗位调整到了营销部，开始参与乡镇供电所的管理。这次岗位的变动为他带来了全新的挑战，也是他职业生涯中的一个重要转折点。“贾峪供电所副所长”对他来说是一个全新的岗位，意味着面临一系列新的任务和责任。他知道要想担负好责任就要练就过硬的本领，一线岗位是检验自己的“试金石”、提升自己的“磨刀石”、展示自己的“校兵场”，只有通过孜孜不倦的学习，本着对工作精益求精的态度，丰富所在岗位的专业能力，才能紧跟公司发展的步伐，成为一名新时代电网所需的复合型人才。

2021 年 7 月，一场突如其来的“7・20”特大暴雨，造成贾峪镇境内 21 条配电线路仅剩 1 条正常运行，对人民群众的生活秩序产生了极大影响，抗洪抢险保供电工作面临前所未有的挑战和压力。武迪作为配电运维副所长，面对这一情况，在公司领导的统筹决策下，与所长一起迅速制定抢修方案和供电服务安抚措施，组织队伍进行紧急抢险。为掌握第一手的设备受损情况，他与抢修队伍一道深入受灾现场，收集现场信息进行紧急程度和难易程度评估，在充分考虑安全因素的条件下有序安排现场工作负责人进行抢修送电，以较短的时间恢复了未受损设备的运行，大大减轻了供电服务压力。而后又在公司的配合下完成了受灾严重区域配电线路的抢险和恒大山水城大型居住区临时变压器的送电等工作，获得了公司“抗洪抢险功勋个人”的荣誉。

履新岗位再出发

同一年底，武迪又迎来了一次工作岗位的转变，接任刘河供电所所长、党支部书记，统筹负责刘河镇供电辖区内各项营销工作和配网运维业务。由“副”到“正”的转变，意味着更重的责任和压力，他积极调整心态，以饱满的精神状态迎接新岗位的挑战。刘河镇同样是此次特大暴雨灾害的受灾重点，临时供电线路存在较大的安全隐患，灾后重建工程项目落地迫在眉睫。为保证项目顺利进行，他积极与当地政府和村委会进行了沟通协调，争取到他们的支持和配合，与施工单位讨论施工细节、加强施工现场管理、监督施工质量，确保施工期间与用户不发生纠纷等事件，为项目落地保驾护航。2022 年架子沟村、分水岭村、官顶村、反坡村、司庄村、杏花村、二郎庙村 7 个行政村的灾后重建工程全面竣工，高低压线路、台区用户下户线、表箱等设备状况得到明显改善，为提高区域内供电可靠性和供电服务质量打下了坚实基础。

2023 年，刘河供电所全面贯彻落实国网公司和省市公司关于供电服务的决策部署，持续提升供电服务水平。秉承“不停电就是做好的服务”理念，积极分析和探索区域内设备、线路的薄弱点，通过强化日常线路巡视质量，开展配电线路综合检修，对老旧设备、金具进行更换，对中压线路进行改造消除裸导线隐患，新增FTU配自开关、远传故障指示器、TTU智能终端等新型配电设备对设备运行情况进行监测，积极储备配网技改项目并配合项目落地等手段，全年刘河供电所辖区内共发生高压故障停电3条次，全业务国网工单26件，其中故障报修类工单10件。

2024年，刘河供电所积极落实公司数智化转型要求，以数智赋能为抓手，深入探索数字化和智能化技术的应用，加快供电服务数字化转型和运检智能化水平，不断提升用户体验，落实“人民电业为人民”的企业宗旨。

回顾自己的岗位成才之路，武迪感慨万分地说道：“要敢于跳出自己的舒适区，勇于面对新挑战，敢于担当重担。”这句话不仅是他对过去经验的总结，更是对未来的期许。在过去的14年里，他从一名普通的一线员工逐渐成长为一名管理者。每一次的成长都伴随着角色的变化，每一次的挑战都让他更加成熟和坚强。他深知，只有不断跳出自己的舒适区，才能不断拓宽自己的视野，提升自己的能力。他相信，只有不断挑战自己，才能不断超越自己，实现自己的人生价值。

作者：耿青敏

唯有深耕细作，方能行稳致远

——记国网中牟县供电公司电力调控中心调控运行一班班长　毛中科

17年，弹指一挥间。

2007年，毛中科大学毕业后跨进了中牟县供电公司的大门，迄今已有17年，回首往事，点点滴滴的记忆仿佛就在昨日。参加工作17年，她勤勤恳恳，完成了从一名外行到一名合格电力人的蜕变，并成为公司调控专业的领军人才，这份成长的背后是她深耕细作默默的努力和无悔青春的付出。

作为中牟公司调控中心调控运行一班班长和县公司继电保护专业二级专家，到目前为止，毛中科参与并完成了公司所辖11座110千伏变电站，8座35千伏变电站等多个重点建设项目的新投或改造工程，她主要负责电网潮流分析和保护定值整定校验，负责为大型操作编写调度送电措施等各项工作。这些工作均圆满完成，有的还提前完成任务，并达标投运送电一次成功。

用心学习，深耕细作理论知识

2007年，毛中科河南大学本科毕业进入中牟县供电公司，由于专业不对口，工作的专业跨度也相当大，但她却能快速地适应并且迅速成长为一名合格的岗位人才。“靠的就是学习，一方面向老师傅们学习电力知识；另一方面向书本学习。专门找了个小本子，不懂的地方记下来，晚上再通过学习把它们弄明白。学到的知识怕忘了，好记性不如烂笔头，也得找个本子分门别类记下来。”毛中科说。凭着干一行、爱一行、精一行的追求，在工作中遇到任何“疑难杂症”，她都会第一时间去查阅相关资料，也会在工作之余，去关注一些新型技术的发展方向，并不断创新。2009年毛中科在第六届“登电集团杯”职工技术运动会获得技术标兵称号，2017年获得郑州大学电气工程专业硕士学位，并于

2021年获得高级工程师、高级技师双高证书，完成了从一名外行成长为一名合格的电力人的蜕变。现在的毛中科，活脱脱就是一部电力技术的百科全书，大家有疑难问题都愿意去请教她，而她也毫不吝啬地将自己所学所知教给大家。作为调度专业的兼职培训师和高级考评员，毛中科从2019年开始自办“培训班”，并担任讲师，对调度员和操作队人员进行培训讲解电网运行方式和继电保护方面的相关知识，推广智能变电站SCD排故新技术，提高员工的技术水平和操作能力。

用心工作，深耕细作专业技术

在工作中，毛中科注重学习，及时掌握新技术、新知识、新标准、新规范。她全面提高自身的综合素质，成为全面发展的复合型人才。2017年参加河南省电力公司继电保护定值整定竞赛，获得个人第三名，获得了2018年度先进工作者、2020年度先进工作者、2021年度先进班组长、县工会第一届“大工匠”、2024年先进党务工作者等荣誉称号。

工作中，她连续十年统筹安排年度电网运行方式、事故处理预案、迎峰度夏度冬方案、低频减负荷方案、事故拉闸序位表等各种方案和资料的编制、审核工作；她多次在变电站综自改造和新投运工程中担任重要管理角色，完成13座110千伏和13座35千伏变电站的电网方式优化和保护方案整定；协助变电站的验收完成顺利送电，实现继电保护和安全自动装置正确动作率100%，期间未发生电网继电保护“三误”重大安全事件。度夏期间，通过采取运行方式调整、负荷就地平衡、需求侧响应等措施，避免了1个电网五级风险，缓解了电网供电压力，确保了居民生活、重要用户电力供应。

通过自己不断努力和多年的工作实践，毛中科现在不仅有系统的专业理论知识，还具有丰富的专业实践经验，擅长继电保护定值整定计算及电力系统短路电流计算和潮流分析，还有较强的开拓创新能力，善于组织、协调、沟通，具有团队精神。

用心思考，深耕细作科技创新

在不断提高自己技术水平的同时，毛中科也在不断尝试电力技术创新。她积极参加各种培训、学习和科创活动，获得国家专利 13 项，其中发明型专利 3 项；获得省市公司、质协优秀 QC 成果 8 项，合理化建议一等奖，郑州市公司青创赛二等奖；2022 年本人负责的 QC“研制 10 千伏高压开关柜电缆导入装置”成果荣获河南省公司二等奖并最终获得省质协一等奖；多次参与河南省技培中心课件开发，加入技培中心“e 方”继电保护专业劳模工作室，编写了 20 多项标准规范，担任讲师授课；发表多篇技术专业论文；2023 年出版书籍《500kV 及以下变电站继电保护故障仿真模拟案例》。

一分耕耘，一分收获，她在平凡的岗位上做出了不平凡的成绩，这是用她十年如一日的默默坚守和使命担当践行着责任牟电的庄严承诺。她身处电力基层一线，心系电网，情系万家，用真诚和努力谱写了一曲新时代的劳动者之歌。

作者：王振杰

在带电作业中成长的青年“操作手”

——记国网孟津区供电公司运维检修部带电作业班班长　吴玉星

脱下戎装，告别军营，2009 年，一个身高一米八三的精神小伙来到孟津供电公司的大家庭，从此与电杆、电表、互感器成了工作伙伴。当时作为新员工，为了尽快弥补工作经验的不足，他经常主动请教营业、业扩、计量、抄核收等专业的老师傅，熟悉一线班组工作方法、流程，了解工作中的重点、难点。老师傅王红卫教他“干一行，就要爱一行，更要精一行”的工作理念，成了他的座右铭。他就是孟津供电公司带电作业班班长吴玉星，一个优秀的青年共产党员，一个在带电作业中成长的青年“操作手”。

立场坚定，思想进步

吴玉星政治立场坚定，严于律己，时刻以一名党员的标准严格要求自己，以习近平新时代中国特色社会主义思想为指导，认真学习党的二十大精神，不断提升自己的世界观、人生观、价值观，思想上严格要求自己，认真对待工作，他始终秉承“人民电业为人民”的宗旨，扎根配电带电作业抢修一线。“电力抢修是雪中送炭、救人危急的事，干着光荣。”这是吴玉星坚守配电抢修岗位的生动诠释，也是一个普通共产党员对平凡岗位的郑重承诺。他从事的配网带电作业工作是高危险、高强度、高技能的工种，是电网企业服务经济社会发展、服务民生的“最后一公里”，联结着千家万户。

立足岗位，认真履责

吴玉星从 2017 年试点开展带电作业工作开始，主动担当，使孟津的工作始终走在全市前列，“孟津模式”被普遍推广，屡次代表洛阳在全省介绍经验，辐射带动偃师、三门峡渑池陆续完成作业模式复制。他积极作为，带领团队持续提高作业能力，从2019—2023年逐步完成了不停电更换隔离开关、更换断路器、更换变压器、中压发电车成功并网的4次提升，建立了完整的不停电检修体系，使孟津带电作业业务实现了由量到质的稳步提升。2017年以来，吴玉星带领团队累计带电处理电网缺陷1900余处，减少停电户数约18万户，避免因停电造成电量减供2900万千瓦时，工作成效排名全市第一，切实提高了人民群众的电力获得感。2021年，他带领团队经过不懈努力，完成了孟津区送庄镇不停电作业示范镇建设，使带电作业成为保障可靠供电、提升电力服务质量的中流砥柱，也成为洛阳市孟津区优化营商环境的一张亮眼“名片”，为孟津区高质量建设洛阳都市圈极核新兴功能区提供了有力支撑和能源保障。

不负使命，勇于创新

吴玉星积极钻研业务，针对电力网络设备实施检测及维护、检修、改造的技术手段，结合个人工作经验，优化应用不停电作业关键技术，充分确保电力系统安全稳定运行。在日常的电网运行管理中，考虑不停电作业占据着十分关键的应用地位，针对当前不停电作业技术日后发展深入研究。先后发表《探讨配网带电作业中电缆不停电技术的应用》《浅析10千伏配网不停电作业技术发展与应用》等论文，注重创新，设计出不停电安装驱鸟器专用工具，大大减少了鸟害对配电线路的影响。研究最新业务，响应技术创新号召。针对最新研究的配网带负荷更换配电变压器技术，满足带负荷更换变压器的并列、解列操作需求，利用个人业余时间搭建仿真模型，对不同参数变压器并联运行条件进行研究，提出两台变压器并联运行时，参数匹配的技术要求，确保带负荷更换配电变压器作业过程中旁路变压器的并列、解列操作的安全；对带负荷更换变压器作业流程进行研究，确定安全作业的操作步骤及安全注意事项。根据地区变压器型号参数，结合两台变压器并联运行时参数匹配的要求，敢于创新，积极探索。在2021年工作业绩取得突破性进展，首次完成“带负荷更换变压器”工作。在用户不间断供电的情况下完成了变压器的更换，实现了完全不停电检修模式的开展，提高了辖区人民群众电力获得感，推动了公司带电作业的发展，提高了供电可靠性，提升了公司形象和服务水平，具有广大的社会效益和巨大的隐形经济效益。

吃苦耐劳，夯实本职工作

电网抢修是不分昼夜的，特别是风雨雪雾等恶劣天气，更是要“枕戈待旦”。2022 年 1 月 31 日 22 时，10kV 常岭线常马分支 #01 杆柱上开关线夹打火，当时正值大年三十，此线路一旦发生停电，有可能造成较大的舆论影响。吴玉星同志主动请缨参与此次事故抢修工作，放弃陪伴家人看春晚的时间，第一时间赶至事故现场耗时 2 小时完成此次事故抢修工作，保障了线路所带居民用户的可靠供电。 在吴玉星同志眼中，没有星期天，也没有节假日，无论是天寒地冻，还是盛夏酷暑，24 小时随时待命，多年来，他的手机始终处于开机状态，有时候夜里听到下雨了，他会习惯性把手机握在手里，为的就是第一时间接到电话、第一时间赶到现场、第一时间解答疑难。每逢遇到线路故障抢修，他和他的同事总是通宵达旦地进行事故处理。在他的带领下，他的团队在 2021 年洛阳市供电公司不停电作业竞赛中斩获团体第一名、个人第一名、个人第三名的好成绩。2022 年吴玉星被评为洛阳市劳动模范，2023 年被评为最美洛阳人百星人物和最美退役军人。

他说：“不断奋斗、不断追求更好，青春才能无悔，生命才会更加闪光。成绩和荣誉只属于过去，在今后的工作中，我会化荣誉为动力和干劲，把劳模当作一个新的起点，发挥好干一行，爱一行，更要精一行的工作理念。在当前安全形势下，抓好安全生产、落实好安全生产责任制，积极扩展带电作业新项目，做好人员培训工作，让孟津带电作业更上一个台阶。”

作为一名“光明使者”，吴玉星以清醒和进取之心传承维护好荣誉，秉持“你用电、我用心”的服务理念，不忘初心，坚守坚忍，保持本色，行稳致远。

作者：宋佩

迎难而上勇拼搏　履职尽责善作为

——记国网宜阳县供电公司运维检修部主任　屈应良

从事电力行业二十载，他凭着对电力事业的执着和热爱，把青春、智慧和激情倾注在生产一线，他曾任生产技术部专责、运维检修部副主任、电力调度控制中心主任、运维检修部主任等重要生产和管理岗位，紧紧围绕企业中心任务，一步一个脚印，抓难点、补短板，带头在先、冲锋在前，圆满完成了各项工作任务，留下了一串串闪光的足迹，为电力事业谱写了光辉的篇章。他就是国网宜阳县供电公司运维检修部主任屈应良，获得了河南省电力公司评标专家，河南省电力公司县级供电企业专业领军人才，洛阳供电公司优秀专家人才，国网洛阳供电公司先进工作者等各种荣誉称号。以第一发明人申请了“一种变电线路用线缆收纳卷筒”等十余项国家发明专利，作为主要参与者获得了2019年省级QC优秀成果二等奖、2020年省级优秀质量管理小组成果一等奖等各种科技创新奖。

循序渐进、运筹帷幄，做部门管理的掌舵人

运维检修部是一支奋战在生产第一线的队伍，肩负着输、变、配电设备运维、检修的重任，作为部门负责人，屈应良深知“安全第一”的内涵，在安全管理上狠下功夫，深入推进各项工作，逐步夯实设备安全基础。“欲善其事，必先正其身”。作为部门负责人的他充分发挥“领头羊”的作用，以身作则，身先士卒。每次线路跳闸他总是第一时间深入现场，经常看到他在现场进行电网抢修、缺陷隐患排查、作业现场施工管控。尤其是在春检预试、技改大修期间，保护室里、变压器旁、输电线路下、配电杆塔处都有他忙碌的身影，那是他在查违章、查作业进展、查施工工艺……在他身上体现着对运检工作的精、专、

细的工作态度，一言一行、一举一动，都展现出“第一责任人”的担当和付出。他带领部门人员攻坚克难、日夜鏖战，保证了 10kV 董贾线户村支线等 35 条支线加装智能开关共 10 余个大修技改工程的圆满完成。通过统筹谋划、重点攻关，采取树障治理、加装智能开关、开展带电检测、完善故障分析机制等一系列措施，有效进行了配电网频繁停电综合治理。完成了省市公司及政府部署的各项重点工作和“省级脱贫攻坚成效评估”等各项重大保电任务。

重心下移、甘于奉献，做队伍建设的领航人

常言道：“火车跑得快，全凭车头带，主任带了头，员工有干头。”担任运维检修部主任以来，屈应良积极践行“一岗双责”，充分发挥党员先锋模范作用。特别注重政治理论的学习，及时了解大政方针，不断提高自身的思想认识，始终同上级党组织的要求保持一致。时刻以一名优秀党员的标准严格要求自己，认真细致、恪尽职守，始终牢记自己作为电力人的使命，不忘初心，带着“勇争先、干精彩、做标兵”的念头、积极进取的劲头，做好运维检修部的领航人。

屈应良注重做好部门职工的思想政治工作，坚持“以人为本”的管理理念，经常与部门职工交流、谈心，坚持开展职工思想动态分析，积极听取职工意见，解决职工难点问题，合理安排、周密部署各专业所分管工作及部门整体工作，把五个手指变为一个拳头，形成部门上下齐心、同舟共济的团结氛围，加强与其他部门间的沟通协作，为运检部较好地完成各项工作任务奠定了坚实基础。在他的带领下，2023 年实现 110kV 输电线路全年零跳闸的骄人成绩，且全年未发生安全投诉事件，生产局面稳中向好。

敬业爱岗、无私奉献，做生产一线的带头人

斗转星移，春华秋实。转眼间，屈应良在电力事业上度过了 20 个春秋，风雨兼程，矢志不渝，是对他多年来工作的真实写照。在每一个职工的眼里，他是一位好领导，严厉但不失随和，大家经常在生产一线看到他，和他谈心、拉家常，探讨工作上的问题。多年来，为了事业，扎身于生产一线，他舍弃了一切，奉献了一切！作为运维检修部的第一负责人，不管是下班后，还是节假日，

都是随时待命的状态，即使好不容易回趟家，有了紧急情况也需要24小时随叫随到、连夜返岗，或许是职责所在，或许是使命难却，他总是把工作放在第一位，任劳任怨、无怨无悔。然而，对待家庭他是有亏欠的，上学的儿子需要陪伴，现在儿子学习的压力大，但他能辅导作业的次数屈指可数，生活的重任更多地是由妻子一人承担，而他一心扑在了电网设备上。对于这些亏欠，他只能尽力弥补，没有丝毫怨言，因为他深知在电力行业，在国家电网，除了男人之外还有一种男人被大家称为“单位的男人”，而这些弟兄们，也跟他一样，为了电网的安全稳定运行奋战在生产第一线，“五＋二”“白＋黑”，随叫随到，坚守岗位不过是家常便饭而已。

匠心深耕在一线，矢志不渝守初心，从生产技术部专责到电力调度控制中心主任，再由电力调度控制中心主任到运维检修部主任，屈应良脚踏实地，一步一个脚印，用一串串深深的足迹，一篇篇沉甸甸的业绩，践行着“人民电业为人民”的企业宗旨，以“我将无我，不负众望”的使命感，以“时不我待，只争朝夕”的紧迫感，以“特别能吃苦、特别能战斗、特别能奉献”的干劲，优异地完成了公司和领导交给他的各项任务，为宜阳电网发展书写浓墨重彩的一笔。

作者：张迪

调度运行砥砺前行　服务能源转型筑梦

——记国网安阳供电公司电力调度控制中心二级专家　张庆文

张庆文，国网安阳供电公司电力调度控制中心二级专家、新能源管理专责。在 20 多年的职业生涯中，他用始终如一的坚定，开拓进取、无私奉献，为电网安全运行、能源结构转型而奋斗。自参加工作以来先后获得安阳市技术能手、河南省电力公司优秀专家人才、河南省电力公司调度工作先进个人、第二届安阳工匠、河南省电力公司电网工匠等荣誉称号。

不忘初心，砥砺前行

勉之期不止，多获由力耘。1999 年 7 月，张庆文自武汉水利电力大学电气工程系毕业就一直在安阳供电公司调度控制中心工作，历任副值调度员、正值调度员、系统运行与新能源专责。电网调度工作看似平淡无奇，实则责任重大，事关人身、电网、设备安全，容不得半点差错。凭着初生牛犊不怕虎的闯劲和踏实好学的干劲，他立足本职岗位，扎根基层，从一点一滴做起，从每一项简单工作做起，不断学习专业技术，积累知识、沉淀思想、倾情奉献，坚守电网调度一线岗位 10 年，担任调度员期间从未发生过一次误调度、误操作事故，真正做到了“调度员身边无事故”。在安阳供电公司开展的安全生产竞赛活动中连续实现多次千次操作无一差错，认真审查每一份操作票和工作票，两票合格率达到 100%。尤其是 2011 年 11 月 29 日，受大风雨雪恶劣天气影响，在短短 30 分钟内，安濮鹤电网与河南主网联络的 3 条 500 千伏线路因覆冰舞动跳闸两条，华中网调多次试送不成功，安濮鹤电网一度面临与河南主网解列的巨大风险。恶劣天气使林州盛唐电厂事故停机，使得安阳电网安全稳定运行局面进一步受到严重威胁。张庆文第一时间与省调积极沟通，采取果断措施，正确及时地调

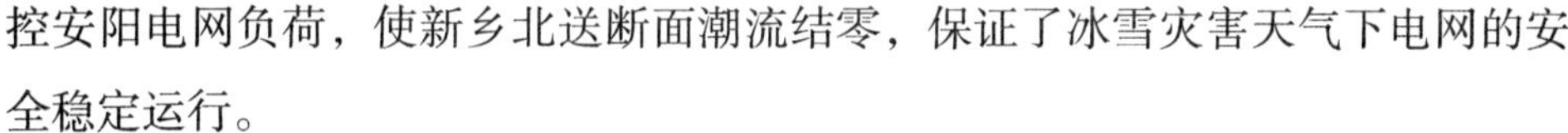

控安阳电网负荷，使新乡北送断面潮流结零，保证了冰雪灾害天气下电网的安全稳定运行。

方式计算，任重道远

2008 年 7 月，张庆文担任运行方式专责后，在公司各级领导正确指引与关怀下，每年都认真开展安阳电网和地区变电站的负荷预测工作、迎峰度夏及度冬分析，定期开展大负荷分析工作，为河南省调开展的电力系统综稳程序提供了准确的数据。在河南省调组织下连续 14 年参加了省、地年度方式联合一体化计算工作，主持完成了安阳电网 2009—2022 年度运行方式。提出合理化建议和整改措施，正确引导了安阳电网基建、生产管理、运行控制等工作有序进行，为领导正确决策做好了参谋工作。

张庆文编制了 600 多次重大输变电设备检修期间潮流、稳定计算报告与控制措施及反事故预案，提出各种检修方式下电网运行中存在的危险点，制定了相关的运行控制措施及反事故预案，为调度员提供了正确、翔实、可行的事故处理步骤和技术指导，确保了电网安全、稳定、经济运行。

张庆文正确编制了 110 千伏以上新设备投运项目共计 200 多项，并到现场亲自指挥投运操作，保证新设备或检修后的设备安全可靠投运。连续 14 年主持修编了安阳电网调度规程。编制了重大检修方式下的事故预案，使全体运行人员在各种运行方式下重大设备检修期间做到规程在心中，明确了各自工作中的责任与操作规范，从而落实公司的各项工作要求，做到组织、思想、措施三落实，确保各项任务工作圆满完成。

2011 年 3 月，张庆文提出的安鹤西部受电断面过载远切稳控系统得到了河南省调的采纳并投入运行，使得安鹤西部送电断面由 90 万千瓦提高至 95 万千瓦，从而避免了限电局面的出现，最大程度地满足了社会用电需求，创造了良好的社会、经济效益。

2021 年 3 月，他提出的滑县外送断面过载切机稳控系统得到了河南省调的采纳并投入运行，使得滑县外送断面极限由 48 万千瓦提高至 75 万千瓦，从而避免了滑县区域大面积弃风弃光的现象出现，创造了良好的社会、经济效益。

能源转型，匠心筑梦

2015 年以来，张庆文积极投身服务 80 余座新能源场站的投产运行管理工作，使得安阳地区调度管辖范围内的新能源装机容量长期位居全省首位，并实现清洁能源 100% 的消纳，使得安阳电网实现了真正意义上的“绿电”。为安阳地区“碳达峰、碳中和”目标的实现提供了强有力的支撑，创造了良好的社会效益、经济效益。

张庆文多次参与科技项目创新活动，为公司转型绿色低碳企业可持续发展贡献自己的力量。自 2009 年起连续参加公司 QC 创新小组活动，先后 3 次获河南省质量管理奖项一等奖。2023 年获国网公司 2023 年度管理创新成果二等奖；2020 年以来获省电力公司管理创新成果一等奖两次、二等奖 1 次，技术标准创新贡献二等奖，第二十四届河南省企业管理现代化创新成果二等奖。组织编写了《基于潮流计算的配电网合环倒负荷精益化管理模式》等 3 篇入选国网河南省电力公司同业对标典型经验库，1 次入选国网调度系统。

韶华易逝，但在奋斗者眼中，韶华却是书写新美丹青的最好画板，是施展才华的广阔空间。张庆文在 25 年的职业生涯中，勤勤恳恳、求真务实、不辱使命，圆满完成了公司领导交办的各项工作任务，没有辜负公司重托，真正做到了不负韶华，笃定前行。在以后的工作中，相信优秀的电网工匠张庆文必将始终如一、无私奉献，为公司可持续发展贡献自己毕生精力。

作者：张飞

坚守初心护光明　勇挑重担善攻坚

——记国网安阳供电公司变电检修中心主任　李君华

有这样一个人，他立足岗位、奋发进取、开拓创新，工作中冲锋在前、尽忠职守、勇于奉献，突出的业绩和勤勉务实的作风得到公司一致认可，他就是国网安阳供电公司变电检修中心主任、党支部副书记李君华。在 35 年的职业生涯里，李君华先后获得国网河南省电力公司劳动模范、先进工作者、行风建设工作先进个人、营销工作先进个人、基建工作先进个人、安阳市先进工作者等多项荣誉。他始终坚持“人民电业为人民”的企业宗旨，为企业健康发展、安阳公司电网建设和电网设备运维贡献着自己的力量。

坚定信念，甘于奉献

1988 年 7 月从学校毕业后，李君华怀揣梦想进入安阳电业局工作，开启了成长之路。他先后在生产和营销一线工作，历任生产和营销班组技术员、线损专责、环城分理处副主任、配电服务中心主任等职务。2012 年至 2016 年，他在担任优创配网工程二部经理期间，正值配网建设高峰期，其间陆续完成对市区内 10 千伏配出电缆的更换和对市区周边村网的大规模升级改造，并率先推行配网工程项目化管理，进行单项工程成本核算，同时编制配网工程项目化工作量核算清单，为安阳优创公司推行工程项目化管理提供了宝贵的管理制度和项目流程化管理等基础资料，将配网建设管理提升到新的高度。

善于创新，勇挑重担

2015 年带着安阳公司领导的嘱托，李君华调任优创变电工程部经理。初到变电工程部，针对工程建设进度慢等各种问题，他组织学习相关文件、规程，借鉴其他单位的先进做法，迅速调整本单位组织机构，加强标准化项目部建设，实施班组长竞聘上岗，大大提高了工作绩效。在工作中，以身作则、勤恳奉献，经常吃住在工地，掌握施工现场情况，为顺利完成工程任务奠定基础。在恶劣天气和工期紧张时，总是到最艰苦、最危险的地方去。他以完善工程项目化管理为契机，提高施工效率，注重成本节约，增强企业竞争优势。把安全工作放在首位，不断强化基础和细节管理，通过有效的方法、途径，将安全理念渗透到全员的思想深处，做到施工安全风险始终可控、在控、能控，确保安全生产长治久安。在优创变电工程部 6 年期间，李君华主持和参与新建（增容）220 千伏变电站 8 座，110 千伏变电工程 30 余项，用户及配网工程 55 项，新建工程均被评为“优质工程”，其中 6 项工程荣获“流动红旗”。为安阳电网建设，电网安全稳定运行，服务工农业生产作出了应有的贡献。

身先士卒，善于攻坚

自 2020 年任变电检修中心主任以来，李君华经历了“三年抗疫保电”的紧张形势，并根据各现场工作环境，创新地制定了“两点一线”工作模式，降低施工人员与外来人员接触风险，吃住在施工现场，顺利完成 220 千伏红旗渠变电站、220 千伏滑县变电站、110 千伏道口变电站集中检修工作，发现并处理红旗渠站 220 千伏隔离开关一次导体固定件裂纹隐患 3 项，滑县站 2 台 220 千伏主变高中压套管色谱异常超标隐患。在“7·21”安阳市特大暴雨灾害抗洪抢险工作中，按照“水进人退，水退人进”的抢修原则，李君华第一时间组织成立变电抢险突击队，带队赶赴受灾变电站现场，协调各专业人员连续苦战四天四夜，接续完成 220 千伏鼎盛、易都、崔家桥等变电站的抢修恢复工作。在他的带领和兄弟部门的不懈努力下，安阳成为全省受灾较重地区第一个全面恢复主网供电的地市，完成公司主网抢修复电的艰巨任务。灾后结合抢修经验，与省公司共同编制了应对水灾恢复供电的电力二次设备外绝缘快速修复作业指导书，在全省推广先进经验。本次抢修工作中他始终保持极强的责任意识、大局意识，坚决执行公司决策部署，冲锋在抢修复电的一线，获得公司领导和同事的一致认可。

李君华工作近35年来，始终坚定如一，工作中谦虚平和、敬业勤恳，眼神中充满了坚定和自信；始终不忘初心，勇挑重担，面对困难时从不畏惧退缩，圆满完成了公司党委交办的各项任务，没有辜负公司重托，相信在未来的工作中，他会坚守初心、砥砺奋进，不断创造更加卓越的成绩。

作者：张飞

立足平凡岗位　干出精彩业绩

——记国网安阳供电公司变电运维中心四级职员　张卫军

张卫军，现任国网安阳供电公司变电运维中心四级职员，自 1999 年参加工作以来，他 25 年如一日，先后荣获安阳市劳动模范、国家电网有限公司优秀技能专家、河南省劳动模范等荣誉称号。他始终奋战、坚守在电网生产运行第一线，为电网安全稳定运行和发展做出自己的贡献。

履职敬业，护航电网安全

1999 年 7 月，张卫军进入安阳供电公司工作，成为一名地区电网调度员。调度指令的正确性直接影响人身、电网和设备安全，作为新人的他，深感调度工作的重要和肩上责任的重大，时刻对自己高标准严要求，他立足本职岗位，扎根基层，从一点一滴做起，从每一项简单工作做起，从调度员到调度班长、专责，再到调度副主任，改变的是职务，不变的是他始终坚守电网安全底线。他一步一个脚印走来，先后经历安阳“7・19”“6・29”“7・21”等灾害天气以及覆冰、舞动、污闪造成各种电网事件处理均圆满完成，进行各种调度操作数千次，均未发生误操作事故，圆满完成了地区电网新建输变电投运、故障处置、有序用电、调控运行等工作，为地区电网安全稳定运行和发展做出了贡献。在调控中心和变电运维中心工作期间，张卫军编制《安阳电网调控中心预警信息报送细则》和《电网检修风险预控管理规定》，参与编制 500 多份设备检修期间分析报告，制定相关的运行控制措施及反事故预案，确保检修和特殊运行方式下的电网安全，组织编写《安阳电网故障分析及事故预案》《安阳电网“黑启动”方案》《安阳电网年度运行方式》《地区电网调控规程》，为电网的安全稳定运行提供技术支撑。在林州供电公司工作期间，张卫军对《国网林州市供电公司突发事件总体应急预案》及 23 项专项应急预案进行了修订，有力支撑应急体系运转高效；深入开展督查，落实落细风险管控措施，做好作业全过程安全管控，开展春季及秋季安全检查，圆满完成省公司的安全巡查迎检工作。

凝心聚力，奋力攻坚克难

2021 年 7 月 19 日至 22 日，安阳持续遭遇极端强降雨天气，市区大面积严重内涝，各级电网不同程度受损，暴雨灾害发生的第一时间，张卫军在电网运行第一线，他连续多日吃住在单位，全程参与电网调度处置，保障受影响变电站及时恢复运行，尽快恢复受影响用户的供电，他亲临现场，逐轮次开展变电站排水、房顶渗漏及设备防汛隐患排查，做好灾后重建工作。2021 年为应对滑县地区供用电受限，张卫军组织人员分析区域电网问题，制定滑县区域度夏期间保供电方案，积极协调相关部门完成滑县楚丘输变电工程停电施工方案和预控措施，配合滑县楚丘输变电工程建设投运，有效解决滑县区域用电问题。林州地区防山火责任重大，为了高效开展防山火工作，他稳步推进输配电线路智慧防山火预警系统建设，排查涉及林区的输配电线路防护隐患，及时化解安全风险，消除安全隐患，有效防范和坚决遏制火灾事故，无重大火情发生。

责任担当，服务工作大局

张卫军积极响应能源转型发展，服务安阳地区新能源建设，先后参与完成 100MW 千玺光伏、250MW 大唐风电、250MW 华润风电共计 30 多个大型新能源并网项目。截至 2023 年底，安阳地区新能源规模装机容量已达到 460 万千瓦，位居全省第一，为安阳地区“碳达峰、碳中和”目标的实现提供了强有力的支撑；在林州工作期间，他积极服务地方政府，协调完成陵阳新型建筑材料产业装配园 110 千伏官阳线、35 千伏阳太线路以及沿太行山高速公路迁改电力线路工程等 50 多个工程项目迁改工作。疫情期间，他始终以党员的标准严格要求自己，疫情暴发初期在单位组织建设第二调度室，积极应对各种突发状况，并积极参与方舱隔离点送电项目建设，确保在疫情特殊时期的电网安全运行。

立足岗位，勇攀科技高峰

自参加工作以来，张卫军先后获得安阳市电力调度知识竞赛第一名，省公司调度系统调考个人第二名；代表省公司参加国网公司调度调考获团体第二名；从一名学员成长为国网公司优秀生产技能专家，先后在各类期刊发表论文8篇，拥有发明专利1项，实用新型专利5项，两篇典型经验入围省公司典型经验库，由他参与编审的《电力调度员技能鉴定题库》由河南科学技术出版社出版，他主持编写的电力行业标准 DL/T2246.3—2021《电化学储能电站并网运行与控制技术规范 第3部分：并网运行验收》于2021年发布，并获得2023年度河南省电力公司技术标准创新贡献二等奖。

技术的最高境界是传承和分享，工作中，张卫军坚持将所掌握的技术和知识毫无保留地传授给年轻人，通过“师带徒”等形式培养带出10多名业务技术骨干。作为国网公司、省公司兼职培训师，他曾在济南国网技术学院为新员工授课半年，在河南省电力技术学校带技师班，为学员讲解电网运行知识，获得省公司优秀兼职培训师。平凡的是工作，不平凡的是坚持，他用“干一行，爱一行”的敬业精神，为广大青工树立了榜样。

作者：郑国思

信仰之光照亮光明之路

——记国网南阳供电公司配电运检中心优秀二级技能专家　杨峰

默默扎根于配网线路专业一线长达34年，努力践行“人民电业为人民”的企业宗旨，从配电抢修干到带电检修，面对自己的本职工作吃得苦、耐得劳、霸得蛮，面对专业技术能刻苦钻研，不断进取，他就是河南省五一劳动奖章获得者、国网南阳供电公司配电运检中心二级专家杨峰。

扎根配网终不悔

30年前，杨峰从南阳电力技工学校毕业，当时有3个工种可以选择，分别是计量、抄核收和配电运维。熟人朋友都觉得干计量或抄核收要好点儿，配电运维检修电压等级低工作累，还要登杆作业整天搞得灰头土脸的。但杨峰选择了线路，他认为线路是电力企业的根本，里面有太多知识、技能需要去学习掌握，只有把线路搞好了才能供好电。从选择了配电线路那一刻起，杨峰便一头扎进了配网运维之中。喜欢刨根问底的他慢慢发现配电专业确实大有搞头，并深深喜欢上了这个专业，想把工作做到极致就需要把工作当成事业来干。

配网是供电线路的末端，却是供电服务的起点，关系着千家万户的用电质量。参加工作后，杨峰先后从事过配电线路工、配电抢修工、配电带电检修工，别人都觉得施工又苦又累，可他却总抢着干最苦最累的工作，为的就是能从老师傅那里学到一点绝活。付出总有回报，在施工现场这个大课堂里，他不但学到了实用的技术，更大幅提升了操作能力和技术水平，逐渐从一名小白成长为省技术能手、市劳动模范、高级技师、高级工程师、豫宛大工匠、国网工匠。

由于10千伏配电线路相间安全距离小，线路情况复杂，配电带电作业属于高危作业，对从事作业人员有着较高的专业技术水平要求。作为河南省第一代带电作业人，杨峰深知靠自己仅有的知识是远远不够的，为了适应配电带电作业需要，搞好班组的科学化管理，几年间，在繁重的工作之余，杨峰蚂蚁啃骨头似的，啃了一本又一本专业书籍。知识给他插上了翅膀，2002年杨峰入选省公司“111”技能人才库，2004年取得了配电线路工专业技师资格，2012年取得了配电线路工高级技师资格，2020年取得了高压带电检修工高级技师资格。

技能竞赛显身手

2005年省电力公司开展“配电带电作业技能竞赛”，杨峰带领全班同志一边加强理论学习，一边刻苦训练，7月烈日炎炎，又适逢迎峰度夏用电高峰，在完成繁忙的带电作业任务后，从制订训练方案、安排生产任务、分析解决训练中存在的问题，到如何创新、减少操作用时等各个环节，他都要具体安排，周密部署。功夫不负有心人，由于措施得力，安排到位，通过团队共同努力，最终团队在竞赛中获得团体第二名，杨峰获得个人第二名的好成绩。2016年，杨峰拖着大病初愈的身体带领南阳公司代表队在省公司配网带电作业技能竞赛中获得团体三等奖（这一年因为实操训练、理论学习、工器具加工改造等多种因素导致未能取得优异成绩），2017年、2018年连续夺得团体第一名。2020年他作为省管产业单位配电安装技能竞赛团体教练，在国网公司产业单位配电安装技能竞赛中一举获得团体二等奖。2022年他作为河南省配网不停电作业技能竞赛团体主教练，带领团体参加国网公司配网不停电作业技能竞赛取得第八名，是河南省在本专业取得的最好成绩。2023年他作为配电不停电作业技能竞赛团体教练，经过4个多月的精心组织训练，在河南省电力公司配网不停电作业技能竞赛一举获得团体二等奖的好成绩。

科技创新结硕果

“创新不是凭空而来的，而是我们在生产中发现问题，然后解决问题的一个过程。”杨峰对青年员工说道。创新的种子只有牢牢扎根于生产实践，才能获得足够的营养，生根发芽，结出丰硕的果实。

说起技术创新和发明专利，很多同志可能觉得非常地高大上。杨峰告诉大家，发明创新未必一定要高精尖，现场简单实用，能大幅度减轻劳动强度，增加安全就是对一线工作的最大帮助。

杨峰作为全省带电作业方面的专家，参与制定了南阳公司带电作业标准颁布实施，合著论著 3 部，获得 QC 成果 15 项、授权专利 13 个。针对带电更换 10 千伏耐张绝缘子串，他发明了一种带电更换 10 千伏耐张绝缘子的组合工具，利用绝缘支撑架固定到电杆上，作业人员在保持足够安全距离的前提下更换中相耐张绝缘子，在提高作业效率的同时极大地保护了作业人员的安全。

薪火相传铸匠心

2014 年，受省、市公司推荐，杨峰被国网技术学院聘请为兼职培训师，到济南为全国电力公司新入职的员工授课。面对大学生研究生，毕业于技校的他感到压力巨大，但他没有退缩，查资料、背规程，全身心准备迎接挑战。在实操训练场，他以精湛的技艺征服了几百名学员，组立杆塔、拉线制作、配变调试……短短四个月时间让 300 多名学员掌握了配电线路工应具备的基本技能。在这一年杨峰被评为“国网技术学院优秀兼职培训师”，同时在培训师授课技能竞赛中获得二等奖。

作为第一代配网不停电作业人，杨峰孜孜不倦地为配网不停电作业储备人才，累计为全省培养配网不停电作业人员 320 余人。特别是近几年，经杨峰手把手传授，南阳 11 个县公司也均已独立自主开展带电作业。从简单的一二类简单作业项目到三四类复杂作业项目进行了作业项目全覆盖培训，同时针对作业中需面对的紧急救援也进行了专项培训。

一花独放不是春，万紫千红春满园。杨峰深知，要让“劳模身边再出现劳模，高手身边再出现高手”蔚然成风。作为全国带电作业技术专家，他充分发挥全国劳模传帮带作用，对帮带徒弟进行点对点技术辅导和技术传承，形成“70—80—90”梯队人才结构。在他的带领下，一批批青年员工成长为专业骨干。

作为配网劳模工作室带头人，先后开展培训 67 次，结师徒对子 27 对，培养出 1 名高级工程师、14 名高级技师、5 名工程师、7 名技师；徒弟中 1 人获得国网公司技术能手，1人获得省技术能手，9人获得市技术能手。徒弟王合获得国网公司技术能手，徒弟王伟获得河南省五一劳动奖章和河南省劳模称号。

危难时刻见赤诚

电力供应作为公共服务民生行业，舍小家为大家的故事很多。每个坚守岗位的工作人员都有着动人的故事，有为工作延后婚期的，有父母小孩生病住院无法照顾的，等等，杨峰的故事，感动并感染着我们，也触动着每一个创造故事的电力人。

2000年，南阳遭遇特大洪水，那时杨峰的女儿刚满5个月。爱人出差在外，家中积水1米多深，可这时位于白河中的线路铁塔由于河水的冲刷发生倾斜，随时有倒塌的危险。面对两难的时候，杨峰的父亲在电话中鼓励他："你是电业人，你要知道，这个时候更多的群众需要你们！家里的事情，你不用操心！孩子我来照顾！一句话，注意安全！"听了父亲的话，当时杨峰心里酸酸的，但是，灾情来不及让他有太多的儿女情长，他只能把安全放在心里，毅然冲向了抗洪抢险的第一线，并且最后一班撤离。

随后，杨峰作为业务骨干参加了多次重大保电工作，每次临危受命，都能出色完成任务。在历年的迎峰度夏、度冬保电和高中招保电中，他也总是冲锋在第一线，好多同事们都戏称杨峰为"定海神针"，只要有他在，领导放心，同事安心。

志在云端，与电共舞，在天空中书写着奋斗的年华。杨峰说，"每当夜幕降临，看着万家灯火，就感觉所有的努力和坚持都值了"。他表示将始终扎根一线，充分发扬劳模精神，带领大家一起埋头苦干，并将自己毕生的技艺和经验传授给身边每一位需要的人，以高度的责任心阐述"人民电业为人民"的宗旨，以信仰之光照亮光明之路。

作者：王哲

他为城市添光彩

——记南阳飞龙电力集团有限公司配电分公司运营服务五班班长　陈帅

他是领导眼中能打硬仗的攻坚尖兵，他是同事眼中身怀绝技的能工巧匠，他带领团队完成1200多项工程施工任务。他就是南阳飞龙电力集团有限公司配电分公司运营服务五班班长陈帅。

2015年，25岁的陈帅从部队转业，成为飞龙配电分公司的一名配电线路工。在短短9年时间里，陈帅参加了10千伏郑万高铁电力迁移工程、南阳世界月季大观园10千伏配电工程等重点项目，参加城区抢修100余次、零点工程260次。南阳城区的大街小巷，留下了他奋斗的足迹，也为自己赢得了河南省五一劳动奖章等闪光的荣誉。

勤学苦练　立足岗位攀高峰

从军营到电力一线，脱下军装换上工装，陈帅身上那股拼劲儿依然没有变。他一边工作一边加紧学习业务知识，不懂的地方就虚心向老师傅们请教，他把业余时间全部用在了学习上，很快便掌握了配电线路工的基本技能，并一步一步成为班组的技术骨干。2017年，公司“三供一业”项目启动，陈帅主动要求到工程一线锻炼。工程刚开始的时候，很多都是新接触的事物，他完全摸不到头绪，心理压力很大。但他凭着自己不服输的劲头儿，迎难而上，一个难题接着一个难题被攻克。在此后一年多的时间里，他白天跑现场，晚上熬夜加班整理资料、优化方案。甚至在他新婚的大喜日子，他也只休息了一天便匆匆赶回工地，并最终啃下了硬骨头，圆满完成了工作任务。经过“三供一业”工程的淬炼，陈帅的技能水平取得了长足的进步，在2020年河南省送配电线路工技能竞赛中，他凭着扎实的理论功底和过硬的操作技术，获得了个人第一和团体第一的优异成绩，并因此获得了河南省五一劳动奖章和国网河南省电力公司技术能手的称号。

不忘初心　危难时刻显身手

2021年7月，河南局部地区遭遇特大暴雨，造成郑州、新乡很多地方电力设施受损严重。在得知公司要支援新乡卫辉的时候，陈帅主动要求前往并担任工作负责人。他们马不停蹄赶到受灾现场，到处都是大雨过后留下的积水，水位最高处还有1米之高。洪水过后的天气尤为炎热，上边太阳晒，下边水汽蒸，在38摄氏度的高温下，大家个个都汗流浃背。但时间不等人，他知道灾区的群众更困难，必须尽快让大家用上电。在这么复杂的条件下，为了确保不出现人身安全事故，他和几位同事一起，乘坐铲车前往抢险地点，逐一对电力设备受损情况进行排查，每发现一个问题，就详细地记录下来。抢险过程分秒必争，中午吃饭已经是下午3点多了。当大家吃饭的时候，陈帅还不忘记把接下来的工作跟每个人都详细地再确认一遍，确保没有疏漏后，才放心地吃饭。简单吃完午饭，大家又迅速投入到紧张的工作中。在当地供电部门的大力配合下，陈帅和队友们顺利地完成了抗洪抢险任务，得到了省公司的表扬。

攻坚克难　为城市增光添彩

近两年，南阳作为省域副中心城市的建设步伐加快，线路迁改、电缆入地的工作量骤增，涉及的线路多、面积广，互联互带复杂，作为城市配网施工主力军的陈帅和同事们，经常加班加点赶工期。2023年9月20日，接到上级通知，市内光武路、建设路、南泰路所涉及的3条主干道9条电力架空线路改为入地电缆。为了不影响十一假期道路的正常通行，原本一个月的工程量，工期锐减至1周，时间紧、任务重，大家倍感压力。有困难，我们上！作为施工负责人的陈帅连夜制定出施工方案，对工作内容、人员装备、所涉及的部门、专业进行任务分工，多方联动，就地展开工作。为了尽量不影响居民的正常工作和生活，方案中的停电迁改工作全部定为夜里零点开始，早上8点左右恢复居民供电。9月26日22点，陈帅带领5个施工班组，60余名成员，在停电前的

2个小时就到达了光武路施工现场，为了防止出现纰漏，他再次逐一摸排施工现场，确认人员分工，避免交叉作业。这一夜注定不平凡，时不时地来上一场小雨，雨中的施工现场，道路格外泥泞，陈帅来回奔波于各个工作现场，检查防护措施，确保施工安全。功夫不负有心人，在大家的共同努力下，9月27日8点35分，工程一次送电成功，为全市人民献上了一份国庆厚礼。

陈帅说："作为一名电力员工，我们的终极目标就是群众家里不停电，用我们的速度、技术为省域副中心城市建设增光添彩。"这是陈帅的理想，他正在这条踏实的路上闪着光。

作者：曾庆磊

变形记

——记南阳飞龙电力集团有限公司邓州分公司综合管理部副主任　耿渊博

他，是一名年轻且充满朝气的电力人。在工作中，他主动学习，深入钻研，迅速成长为班组的工作负责人；他厚积薄发，成功取得各项技能比赛的好成绩，先后获得河南省电力公司“党建 +”工程优秀成果发布展示银奖、河南省电力公司第七届青年创新创意大赛铜奖、河南省电力公司“合规从我做起”主题演讲前 8 强等荣誉。2024 年 3 月，他被省电力工会授予优秀工会积极分子称号。他究竟是谁？且看一名产业新兵的“变形记”。

矢志不渝的“乡间抄表员”

2015 年盛夏，怀揣着对未知世界的好奇与憧憬，他告别了象牙塔的宁静，义无反顾地踏入了邓州市抄表有限责任公司的门槛，成为一名默默无闻的抄表员。彼时，他犹如一张白纸，对这份职业的内涵与挑战一无所知。

抄表员的身份，让他得以穿梭于乡野村落之间，与自然亲密接触，每一次抄录电表读数，不仅是对电力消耗的统计，更承载着对每个家庭生活温度的感知。工作环境的严酷，是他不曾预料的挑战。荒僻小道、密林深处，甚至是与野生动物的不期而遇，都成了日常的一部分。夏日的毒蛇、凶猛的蚊蚁、突如其来的过敏中毒，每一次遭遇都是对勇气与智慧的考验。然而，这些经历并未削弱他的意志，反而铸就了他坚忍不拔的性格，教会了他如何在逆境中生存，如何在危机中寻找生机，在与困难的较量中，他磨砺了意志，升华了信念。

智能电表的“挑战不可能”

2016 年的初夏，邓州电力行业迎来了智能电表全面覆盖的历史性时刻，这不仅是一场技术的革新，更是一次对传统工作模式的颠覆。面对这场前所未有的挑战，他没有选择避让，而是以一种勇者无畏的姿态，主动投身于这场技术革命的洪流之中。

白天，他与团队并肩作战，深入智能电表安装与调试的第一线，无论是技术难题还是设备故障，他总能以冷静的头脑和扎实的专业技能，找到问题的症结所在，逐一击破。夜晚，当喧嚣的城市渐入梦乡，他选择与书本为伴，沉浸在智能电表技术、数据分析等专业知识的海洋中，如饥似渴地汲取着养分，不断提升自我。这份对技术的执着追求，让他在短时间内迅速蜕变，成为团队中不可或缺的技术领军人物。

在实现智能电表全覆盖后，他并未满足现状，而是将目光投向了更为宏大的目标——全采集、全费控。他带领着一支由 15 名女子组成的电采班，共同迎接新的挑战。在男性主导的电力行业，这样一支女子队伍无疑是一道独特的风景线。在他的鼓舞下，她们展现出了非凡的毅力与智慧，克服了种种难以想象的困难，以惊人的速度与效率，圆满完成了智能电表的全采集任务，创造了令人赞叹的“邓州速度”。

精益求精的“竞赛参与者”

2020 年的机构调整，使他来到南阳飞龙电力集团有限公司邓州分公司，担任综合管理部党建专责，他没有辜负期望，迅速调整状态，以饱满的热情和扎实的专业基础，投入到新的角色中。

他不仅在专业领域精耕细作，还积极参与各类培训和竞赛，通过公文写作、办公软件技巧的学习，不断提升自己的综合素养。在科技创新项目、QC 创新成果的探索中，他展现出了不凡的创造力和执行力，荣获多项荣誉，包括省市县公司各类演讲比赛奖项、县公司先进个人、县公司优秀党务工作者、六项 QC 成果获奖、省公司优秀工会积极分子等，这些成就无一不彰显着他的卓越才能和不懈努力。

特别是在科技创新方面，他积极参与了河南省职工思想政治工作“十佳创新案例”、“宛电文艺轻骑兵”项目发布、省公司“党建 +”项目发布、青创赛等近十项创新项目，不仅积累了宝贵的实战经验，还发表了两篇学术论文，甚至申请了一项发明专利，这些成绩无疑是他科研能力的有力证明。

2024 年的河南省电力公司第七届青年创新创意大赛，为他提供了展示才华的又一舞台。作为南阳公司的代表，他与队友们携手并进，不仅在个人层面实现了突破，更在团队协作中发挥了关键作用。在紧张的备赛过程中，他以身作则，不仅刻苦钻研，还无私地分享知识，带领团队共同进步。面对重重困难，他们没有退缩，而是选择了坚持，最终在比赛中荣获铜奖，这份荣誉是对他们辛勤付出的最好回报。

“要做就要做到最好，只有拼尽全力，才会不留遗憾。”这不仅仅是他的座右铭，更是他生活哲学的体现。2024 年他被组织任命为南阳飞龙电力集团邓州分公司副主任。在奋斗的道路上，他始终保持着对未来的憧憬和对梦想的执着，用实际行动诠释了什么是真正的奋斗者。

越努力，越幸运

追光的人，终将光芒万丈。

从电力门外汉到全能战士
从青涩少年蜕变至赛场霸主
你用辛勤的汗水滋养了青春的田野
满腔的热爱如同烈火，燃烧着不懈的激情
每一分努力都映照着未来的光芒
那枚璀璨的奖牌，正是你奋斗旅程中最耀眼的勋章
他，南阳飞龙电力集团邓州分公司副主任——耿渊博，
以行动诠释着成长与辉煌。

作者：李豫湘怀

十年磨一剑　风雨未阻挡

——记国网焦作供电公司电力调度控制中心副主任　荣家鹏

五年一度的河南省劳动模范和先进工作者表彰大会在河南省人民会堂举行，全省 1191 名模范先进人物受到表彰。国网焦作供电公司调控中心副主任荣家鹏荣获“河南省劳动模范”荣誉称号。

从一名实习调度员，到值班长、副班长、方式计划专责，再到部门副主任，十年磨一剑，风雨未阻挡，荣家鹏一步一个脚印，用平凡的坚守默默绽放着不平凡的光彩，以“爱岗如家”的责任心谱写着不平凡的赞歌。从事电网调控运行工作 12 年，他脚踏实地、勤恳钻研，用心传承老一辈调度员的责任、担当和奉献精神，快速地完成了从电网新人到技术专家的蜕变。

甘奉献，迎难而上保安全

2020 年 4 月，由于中心人员岗位变动，专责承载力不足，在备调封闭值班时接到紧急任务，担任值班长的荣家鹏主动承担了方式计划、新能源专业工作。自此，他开始了两年多小班与大班连轴转的日子，少抱怨、多干点，他用精心调度的责任去坚守，用确保安全的使命持之以恒。

当焦作电网发生近十年最大的故障时，荣家鹏临危不乱，11 分钟恢复沁阳市区供电，26 分钟恢复太焦、新月铁路等重要用户供电，精准快速的处置得到大家的一致肯定。当焦作电网遭受“7・20”洪灾超限打击时，他透析电网机理，开展变电站全停电网安全校核，制定电网运行控制策略和预控措施，为电网运行处置故障提供有力的技术支撑和坚强后盾。当电网因洪水威胁发生主网架 N–10 极端故障险情时，他快速响应，立即制定潭王变负荷转移方案，以及 6 条 220 千伏线路停运后电网运行控制策略；及时协调省调实施 220 千伏 Ⅱ 博覃线加运等电网补强措施，恢复焦作220千伏电网南通道，保障灾情下大电网安全可控、能控、在控，确保焦作电网主网在全省受灾区域率先恢复正常供电。

守初心，用心服务保供应

“人民电业为人民”，荣家鹏建立停电时户数预算模式下配网停电精益化管理，降低用户停电感知，使得近三年配网计划停电数平均下降15%，助力全市城网供电可靠率提升至99.972%，以更优质的服务提升百姓用电满意度。面对电煤电力电量“三紧缺”严峻形势，他精心组织竹贤变220千伏母线分母运行顺利实施，提升焦作地区供电能力50万千瓦，保障了全市冬季大负荷期间电力可靠供应。按照“主网控风险、配网控停电”原则，年均统筹安排1500项主配网停电计划、防控100余项电网风险，全力推动220千伏永平变、蟒河变输变电工程、220千伏Ⅰ/Ⅱ春清线增容工程等度夏度冬项目按期投产，提升电网供电能力，缓解供电紧张局面，确保全市居民用上放心电。

勇创新，多措并举促转型

随着电网快速发展和新能源大规模接入，新型电力系统复杂多变，作为新能源专责人，荣家鹏查资料、跑现场、编规程、定制度，严格落实相关政策，规范入网流程管理。用心做好并网服务，助力一大批风电项目按期投产，实现全市风电装机从0到50万千瓦的突破，新能源装机占比从3%提升至25%，为能源结构转型不断注入动力。

他参与的创新成果“基于黄河流域地域特色的用电服务需求侧响应管理”获国网公司管理创新三等奖，“基于穿透式管控的调控数据全业务流程构建”获省公司管理创新一等奖，QC“配网多电源用户计划停电告警系统的研发”荣获国优。

人生就像一场旅行，有时候在乎的不是目的地，而是沿途的风景。向前望，远方路途的新站点等着他再次开启，前行路上，他将秉持真抓实干、马上就办的工作态度，用智慧和汗水传播光明，用责任书写“你用电，我用心”服务理念。

作者：张喆

指令内外见匠心

——记国网焦作供电公司电力调控中心地区调度班调度值班长　李广建

一句指令、一项操作，他用“零失误”为电网保驾护航；运筹帷幄、决胜千里，他用一丝不苟的工作态度彰显了一名电力调度人对工作的执着和对企业的热爱。他就是国网焦作供电公司电力调度控制中心地区调度班调度值班长李广建，一名坐镇电网中枢守护万家灯火的电力调度员。2023 年 5 月，李广建被河南省总工会授予河南省“五一劳动奖章”。

肩负重任　当好电网安全“掌灯者”

“电力调度员是整个电网的指挥官，承担着电网正常运行、事故处理等重要任务，我的日常工作来不得半点疏忽和麻痹。”这是李广建常挂在嘴边的一句话，也是他时刻在践行的座右铭。

出生于 1990 年的李广建，2018 年 7 月从东北大学电气工程专业硕士毕业。参加工作后，他进入了国网焦作供电公司地区调度班这个有着 30 多年光荣传统，同时又年轻且富有朝气的班组。“我们班组肩负着保障电网安全、稳定、优质、经济运行的重要职责。”李广建说，“在这里，老一辈调度员的奉献精神、工作作风和优良品质，都是我不断成长的动力。”

立下志愿就要埋头苦干，工作之余，他查资料、跑现场、勤请教、多总结，学规程、补短板、促提升，经历了数个冬去春来的磨砺，他从一个电网新人成长为业务骨干。参加工作五年来，他累计进行各类电网设备操作万余次，执行工作票、操作票千余份，参与新设备试运行工作百余次，处理设备异常和跳闸事件百余起，正确率均为 100%。

近三年疫情反复，他每一次都主动申请封闭值班，累计全封闭值班 231 天，累计编制了300余项电网风险预控措施及故障处置预案，圆满完成了“7·8”风灾、“7·20”特大暴雨等十余起极端天气引起的电网故障处置工作，为焦作电网安全稳定运行保驾护航，成为焦作供电公司抗疫保供的最美“逆行者”。

持之以恒　争做专业技术“佼佼者”

“‘严、细、实、勤’这些优秀电力调度员的品质在李广建的身上都体现出来了。”曾经带过他的老师傅这样评价他。

为了更好地掌握电网的“脉搏”，他经常早早地就来到调度室，仔细翻看调度日志，查阅调度自动化系统，观察D5000系统潮流断面等远动画面，仔细对焦作电网当前运行情况进行分析，有针对性地对电网存在薄弱点做好事故预想。

几年来，他累计指挥倒闸操作1万余次，记下约15万字的工作笔记，熟练掌握20余本规程资料，助力班组圆满完成高考、春节等多项重大保电任务，有力保障了地区煤矿、化工等重要用户及民生用电的可靠供应。

心在一艺，其艺必工；心在一职，其职必举。从入职开始，李广建就把不断超越自己作为工作和学习的目标。2019年，他获得“国家电网公司优秀学员”荣誉称号；2021年获得焦作供电公司调度员技能竞赛第一名；2022年，他参加省电力公司配电网调控专业人员技能竞赛暨河南省电力行业变配电运行值班员技能竞赛，获得团体一等奖、个人第一名，并参加国网公司首届配网调控人员技能竞赛，获得团体三等奖、个人第七名。由于工作突出，李广建先后荣获焦作市“五一劳动奖章”、焦作市技术标兵、国网河南省电力公司技术能手等荣誉称号，出色的专业技能得到了省公司的充分肯定，也增强了他不断学习和进步的信心。

孜孜以求　善为创新高峰“攀登者”

“要想成为一名优秀的电力调度员，不光要有强烈的责任心、过硬的专业技术水平，还要通过不断学习，适应日新月异的电力事业发展需要。”在保证安全生产的基础上，李广建也积极参加公司管理成果创新项目。

道虽通不行不至，事虽小不为不成。坐在调度台上，面对着复杂的电网，每天的首要任务就是维护电网安全稳定运行。“作为电网的指挥者，我们不仅要熟悉电网结构和运行情况，还要具备分析电网及事故处理能力，我们下的每一个调度令，都事关电网安全。”李广建结合电网运行中遇到的难题，积极参加各类创新活动，取得 22 项各类创新成果，以创新实效守牢电网安全底线、红线。2020 年，他主要负责完成的《提高地区短期负荷预测准确率》荣获中国水利电力质量管理协会一等奖，《提高新能源厂站接入的母线负荷预测准确率》荣获河南省质协一等奖，有效提高了焦作电网负荷预测水平，连续多月在省公司月度例会材料中排名第一。

弘扬工匠精神，筑梦调度人生。这是李广建几年如一日付出的真实写照。作为一名电力工作者，他用实际行动履行一个电网调度人的神圣职责，用他的不懈奋斗谱写着一名焦作供电人的青春之歌。

作者：张喆

保持奋斗姿态　谱写光明乐章

——记国网温县供电公司营销部主任　许国军

许国军，中共党员，高级技师，国网温县供电公司副总工程师，长期从事营销、供电所管理工作，先后被评为国家电网公司“优秀共产党员”、河南省电力公司“班组管理优秀个人”、焦作市供电公司“先进工作者”、温县公司“先进工作者”、温县公司“优秀共产党员”等荣誉称号。

作为一名奋战在电力战线上有着 35 个年头的老兵，他从一名普通的供电所线路管理员，到供电所所长，长达 30 年的基层工作经历，成就了一名集线损管理、电能采集、计量管理、用电稽查、供电服务等多专业于一身的行家里手。尤其是 2019 年步入营销部主任岗位上以来，带领营销部 8 个专业班组、9 个供电所、202 名职工、180 名客户服务员工，创造了一项又一项佳绩，经营管理质效硕果累累。

做好思想阵地建设，理论与实践共提高

作为一名 20 年党龄的老党员，许国军深入学习贯彻习近平新时代中国特色社会主义思想，将工作“做什么”“怎么做”作为党建工作的目标。自担任营销党总支书记以来，坚持从思想入手，做到思想到位、行动到位、安全到位，注重解决支部党员思想认识上的误区、业务上的“短板”和差距，通过“三会一课”、主题党日活动、支部会议、党小组会议等，全年按照“零容忍”“四不放过”原则开展批评和自我批评，做到党员每周有学习，每月有集中，季度有交流；坚持以党员“亮身份、亮职责、亮承诺”为抓手，做到党的建设与供电公司工作“心同向、声同音、行同步”。在工作中充分发挥党员的带头作用，以“人民电业为人民”为主题，建立健全客户三级包保相互监督提升、业务工作

“三见面”和故障“两告知一回访”三项机制；全面开展客户诉求闭环整治、涉及客户利益“三不”，温县公司连续1003天保持“零投诉”；坚持加强“基层、基础、基本功”建设，带领营销部全体人员在全面学习、把握、落实上下功夫，把学习成效转化成推动工作的强大动力，笃行实干，奋勇争先。创建国网公司五星级供电所1个，四星级以上供电所占比83%，陈家沟供电所入选2023年三季度国网公司管理提升典型供电所。

不忘服务于民的初心，牢记为民解忧的使命

许国军参加工作35年来，始终将不忘“服务于民”的初心，牢记“为民解忧”的使命作为工作的目标。为保证客户用上优质电、放心电，带领营销部全体成员全年不间断开展低压隐患排查工作，定期对专变用户、重要场所、重要客户开展安全用电检查，对排灌用电方面的问题进行专项全面排查。建立问题整改台账，明确责任单位、具体负责人和整改时限、整改措施，按照边查边改的原则，逐条逐项落实，保障问题整改真正落到实处、取得实效。

在业扩报装方面，着力实施“三减”，并在减办电资料、减流程环节、减办理时限的同时推出“三多”服务，为辖区客户带来了零证预约、零上门、零审批、零投资的办电新体验。通过开展多沟通服务，根据客户的实际需求、技术需求以及工期需求，科学完善各项检验环节，提前落实好准备工作，防止出现重复验收情况；通过开展多样化服务，根据效益最大、信用优先的原则，制订实施客户多样化服务的最佳方案，提高业扩报装工作的开展效率；通过开展多维度服务，为大客户开通绿色通道，指导客户进行设计、施工等，帮助客户减少办电成本，让客户体验到“省事、省钱、省时”的办电新体验。促请政府出台政策文件推动水电气暖讯联合办理机制，在政务服务网“一件事一次办”专栏上线联办功能，实现水、电、气、暖、广电多平台、多渠道联合办理。推广应用居民“刷脸办”、企业“一证办”，办电便利度显著提高，2022年“获得电力”指标取得省评第7名；2023年，节省用户办电成本948.9万元，“获得电力”位居全省第一方阵。

灾难面前勇担当，务实重效破难题

2021年，河南郑州“7·20”抗洪抢险保供电及灾后重建期间，连续几场大风雨袭击温县，造成多条线路故障停电。许国军连续一周未合眼，时刻冲在抗洪抢险第一线，通过连夜安排供电所人员备料、领料，结合河北保定公司援温抢修队伍有序开展抢修工作。

为响应公司号召，积极推动复工复产，他组织人员实地排查故障，隔离故障线路，缩小停电范围，对存在防汛薄弱环节的部位、重要配电设施及重要用户加强监控，确保人力和物资满足防汛需求，全力做好各项应急抢修工作。同时，对待居民用户、重要养殖用户在线路抢修难度大、停电时间长的情况下，先后积极协调42台发电机，确保紧急情况下的生产生活用电，解决了用户的燃眉之急，切实发挥了党员的模范带头作用。

无独有偶，在过去3年的抗疫保电期间，为广大居民带来光明，为定点医院、重点防护点的用电提供有力的电力保障，他加班加点带领温县供电公司抗疫保电营销服务组，充分发挥党支部战斗堡垒作用，坚决落实上级各项工作要求，确保疫情防控和电力保障工作有序有效严格开展。同时，号召营销部全体员工广泛宣传，为辖区企业解难题、办实事，深入辖区企业走访，“摸脉搏”，解难题，办实事，积极为企业提供开复工电力服务套餐。与地方各级政府和产业集聚区等建立常态沟通机制，对复工企业、新开工项目等，开辟火速办电“绿色通道”，推行线上办电方式，简化办电流程，严格落实“万人助万企”20项措施，持续推进电费缓交并免收滞纳金等企业暖心服务，用足用好特困行业阶段性电价优惠政策，助力企业提振信心。

有一种责任叫做坚守，有一种脚步叫做逆行。有一种情感叫做初心，有一种力量叫做使命。作为一名电力工作者，许国军立志终身投入电力事业，始终将根系牢牢扎在群众的心坎，只有这样，才能真正实现人生的价值，体味到追求与奋斗的壮丽。

作者：慕艳霞

退伍不褪色　岗位谱战歌

——记焦作市光源电力集团有限公司孟州分公司市场运营班班长　马晨刚

马晨刚，男，汉族，1983 年 12 月出生，大学本科学历，毕业于河南城建学院电气自动化专业，高级维修电工、助理电气工程师。2001 年入伍，2007 年 3 月加入中国共产党。在部队担任班长、代理排长等职，退伍后在焦作市光源电力集团有限公司孟州分公司担任人力资源专责、安全监察稽查队队长、工程项目运营班长、公司派驻孟州市谷旦镇卢村驻村第一书记等多岗位。

参加工作以来，马晨刚兢兢业业、尽心尽责，工作中敢于勇挑重担，积极参加地方政府和单位组织的各类文体志愿活动，充分发挥党员先锋模范作用，工作期间先后被评为公司“优秀党员”“先进工作者”，被授予“焦作市优秀共青团干部”“孟州市首届最美退役军人”等荣誉称号。

作为一名电力员工，马晨刚深知，要胜任自己的工作，就必须要增强学习的紧迫感和压力感，克服惰性，发挥潜能，持之以恒，真正成为“学习型”员工的典范。把学习当成一种习惯，坚持不懈地学、日积月累地学，从党内理论到专业技术，无数个节假日，他都是在背背记记中度过的，几年过去，从一个门外汉成长为业务骨干，他说，这是个人的追求，更是干好本职工作的要求。在不断夯实理论基础的前提下，马晨刚同志更是以身作则，凡事吃苦在先、吃亏在前。在平凡的岗位上，他用真情和汗水赢得了领导同事的一致好评。2021 年 7 月那场百年难遇的风灾之后，孟州电网遭遇了前所未有的重创。一边是遍地倒杆断线，电力无法正常供应，一边是人民群众不可或缺的用电需求，还有医院、学校、龙头企业这些重点保电单位，“迅速抢修恢复供电”就是军令，马晨刚第一个报名参加了单位的抢修保电突击队，和同事们一起战高温、斗酷暑，抢修不分时间段，24 小时战斗在施工一线。暴雨过后，很多施工地点都是泥泞不堪，地面潮湿的水汽在太阳的暴晒下，就像是大蒸笼，汗水湿透了工作服，衣服上都是斑斑点点的汗渍，脸上、胳膊上都晒脱了皮，一次作业还没干完，手套和安全帽里就可以倒出水来。他和同事们就是这样，为了保障居民尽快用上电，采取半小时轮换作业的方式，出色完成了抢修任务。“那次洪灾，让我得到了淬炼，不仅仅是身体上的，更是心灵上的；灾难面前，作为电力人，我们就要义不容辞地冲锋在一线，保一方平安。”无论岗位怎样变换，都做到干一行、爱一行、做一行、精一行，马晨刚是这样说的，更是这样做的。2023年12月受组织委派被派驻孟州市谷旦镇卢村驻村第一书记，当时正值隆冬岁末，大量工作接踵而至，他迅速进入角色，与村两委共同制订五星支部创建以及对困难群众的帮扶措施，第一时间深入困难群众家里了解情况，为困难群众积极筹措过冬物资，确保困难群众过上一个温暖、祥和的春节；针对村里当前在五星支部创建中存在的短板，进行分析沟通交流，发动广大党员，依靠群众积极建言献策，调整工作思路，制定开年规划；针对贫困户、低保五保户、留守儿童、残疾人等特殊群体，开展关怀服务、电力相关延伸服务等。针对当前农村留守老人、儿童较多等情况，依托自身单位优势，积极开展安全用电走进家庭、走进校园工作，为留守群众、儿童讲解用电安全，排查用电安全隐患，助力人居环境整治和美丽乡村建设；为方便家庭困难、行动不便等群众就医，积极联系市中医院，让爱心义诊走进乡村，现场为群众把脉问诊，提出治疗方案，为在外儿女安心工作提供了安全保障；不断丰富满足广大人民群众精神文化生活，为群众组织各类喜闻乐见的传统文化活动，不断增强广大人民群众的获得感、幸福感、安全感，营造文明和谐的社会氛围。

用责任演绎拼搏的人生，在平凡的工作岗位上展示着供电人真诚的服务形象，不断用实际行动践行着共产党员站好一班岗、守好一方土、惠泽一方民的誓言。用行动彰显新时代电力人的新作风、新形象，用忠诚与担当捍卫“一方清凉”。

作者：席松奇

从“大工匠”到“总教练”

——记国网商丘供电公司配电运检中心带电作业班　黄鑫

黄鑫，自参加工作起就一直从事带电作业，至今已有 24 年，是商丘公司带电作业的“元老”级人物。作为配网带电专家、商丘“大工匠”、商丘市五一劳动奖章获得者、河南省电力公司先进生产者，黄鑫先后完成科技创新项目 10 项，获得市级科技成果奖 4 项，国家授权专利 10 项；先后培训带电作业人员 600 多人，带徒 12 人，所带的多名徒弟和队员成为“全国电力行业技术能手”“国网公司技术能手”“河南省电力公司技术能手”等，为配电带电作业培养了大量优秀人才。由此，黄鑫也被戏称为带电作业的“总教练”。

从一线走出的“大工匠”

1999 年，年仅 19 岁的黄鑫走上工作岗位，与带电作业结下了不解之缘。那时的带电作业，还是个新奇的事物，面对“带电干活有危险”的困惑和胆怯，一些人选择了退缩，可不服输、善挑战的黄鑫却选择坚持下来，他按照师傅们教的“多摸索、多思考，不懂就问，不会就学，手生就练”的方法，不断请教学习、苦练技能，很快就成为一名合格的带电作业人员。

由于工作的特殊性，在每次带电作业中，黄鑫都必须穿上全封闭式的绝缘服、戴上厚厚的绝缘手套，而且一穿就是一两个小时，甚至是几个小时。夏天工作时，浑身闷热，就像是很多层塑料薄膜裹在身上一样，工作结束后整个人就像刚从水里捞出来一样；而在冬天，为了保证身体的灵活性，衣服又不能穿得太多，站在毫无遮挡的高处就会觉得特别冷。面对艰苦的工作，黄鑫也曾犹豫过，但他深入思考更多地是如何能更安全、快速、高效地完成带电作业，减少工作中的苦和累。

于是，勤学苦练成了黄鑫的一门必修课。在充分利用时间提高理论水平的同时，他还刻苦练习带电操作技能。为了提高戴绝缘手套操作的灵活性，黄鑫在工作休息时也常戴上手套，练习拧螺丝、从地上捡螺母垫片等小物品。花了大半年工夫，这副厚厚的绝缘手套，仿佛已成为黄鑫身体的一部分，取工具、拆线、拧螺丝等动作都能做到轻松自如。在一次重要保电期间，巡查人员发现10千伏I京民线线夹松动导致温度过高，随时有脱落断电的风险。接到带电清除隐患通知后，黄鑫主动请缨，迅速赶赴现场，制定抢修方案并开展带电作业，仅用30分钟就完成了抢修任务，成功消除了隐患，保障了重要时期的正常供电。

随着带电作业次数的增多，黄鑫已不满足于简单的操作，工作中他不断钻研创新，成功申请了“一种J型线夹单人操作工具”“分体结构绝缘平台”等国家专利十余项，并广泛应用在带电作业现场，转化成了实实在在的生产力，创造经济效益达75万元。2023年4月，黄鑫被评为商丘市“大工匠”。

从“运动员”到“总教练”

技而优则“赛”。随着技能水平的提升，走出商丘与其他兄弟单位人员进行交流学习，是黄鑫一直以来的愿望。机会来了，2009年，河南省电力公司举办了带电作业技能竞赛，黄鑫作为队员参加了本次竞赛。备赛期间，他不断优化作业流程、改良操作工具、苦练技术动作，在短短10天内，硬是把原本需要40分钟才能完成的比赛项目，缩短到了17分钟，并一举在竞赛中夺得团体和个人两项第二名的好成绩。

2011年，经过层层选拔，黄鑫从80多名选手中脱颖而出，成为河南公司参加国网公司10千伏带电作业技能竞赛的六名队员之一。备战期间，黄鑫每天早上五点半就开始练体能，八点钟就要穿上密不透风的绝缘服，登上绝缘斗臂车开始训练。除了短暂的休息外，要一直训练到晚上九点，训练结束后还要进行理论学习和考试，训练强度可想而知。长达半年的艰辛训练，让黄鑫的带电作业技能水平实现了质的飞跃。

赛而优则“教”。2012年以来，黄鑫作为兼职培训师，肩负起带队伍、传技能的使命，先后为国网公司、省公司培养带电作业技能人员600多人。自2016年起，黄鑫开始以教练的身份，率队参加省公司、国网公司带电作业技能竞赛。首次作为教练，就在省公司技能竞赛中取得团体第二名、个人第三名的好成绩。由于成绩突出，同年，黄鑫被选为省公司教练，带队参加国网公司带电作业技能竞赛，所负责个人项目的两名队员分别获得第四名、第七名。多年来，黄鑫作为教练，在全国电力行业协会、国网公司、省公司竞赛中屡创佳绩，用实际行动捍卫了“总教练”的威名。

在黄鑫的不懈努力下，商丘公司系统不停电作业整体技术水平也得到大幅提升。从实施首次带电作业第四类复杂项目，到常态化开展第四类复杂作业项目，仅用了1年时间；县公司由只能开展一二类简单项目，到开展全部33个作业项目，仅用了3年时间。2020年，经过反复论证、多次操作模拟后，黄鑫带领团队首次开展了第四类复杂作业项目带负荷直线改耐张并加装柱上开关，标志着商丘带电作业有了质的提升。随后，他们又相继开展了旁路作业法带负荷更换变压器、综合不停电作业法检修架空线路等新项目，均取得圆满成功，填补了商丘带电作业复杂类项目技术的空白，拓宽了商丘区域复杂带电作业项目的广度和深度。同时，黄鑫还带领团队，多次执行濮新高速架空线路带电迁改等重要任务，为带电作业队伍赢得了“电力铁军”的美誉。

作者：王辉

从“继电保护工”到“中原大工匠”

——记国网平顶山供电公司二次检修中心五级职员 马文恒

马文恒，男，1987 年生，现任国网平顶山供电公司二次检修中心五级职员。自 2010 年参加工作以来，一直扎根生产一线，十几年如一日，以初心铸匠心，刻苦钻研、敬业专注，成长为继电保护技术专家，曾获平顶山市劳动模范、国网河南省电力公司电网工匠、中原大工匠等荣誉称号。

技艺精湛，关键时刻除隐患。“每一项工作都要用心去干，绝不能留任何隐患。”马文恒经常这么说，也是这么做的。现场一旦发现问题，不确保万无一失，他绝不离开现场，通宵排查故障也是常有的事。在从事继电保护工作的十几年间，他累计处理设备缺陷和完成故障抢修 300 余次。正是凭着这份执着和责任感，他积累了丰富的现场经验，练就了过硬的技术能力。

2022 年 8 月，他在电网隐患排查中发现叶 #3 变两套保护装置高、中压侧电压波形存在异常，初步判断双套保护装置存在 N600 虚接隐患，经现场测试排查，发现两套保护装置确实存在此问题。该问题在特殊情况下可能会导致 220 千伏叶县变电站全站失压，甚至造成叶县城区大面积停电，形成五级电网事件。他立即组织人员进行处理，由于发现及时，处置得当，一场可能引发重大电网事件的潜在危险被解除，他也因此受到国网河南省电力公司和平顶山供电公司的高度肯定，并获得国网河南省电力公司安全生产特殊贡献奖。在开展此类隐患排查过程中，他积极总结工作方法，并在平顶山供电公司和所属县公司推广应用，他编写的典型经验《深挖故障近区保护数据，消除设备潜在隐患》入选国网河南省电力公司调度系统典型经验。

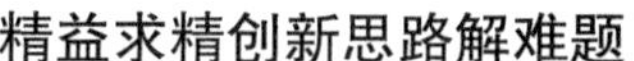

精益求精创新思路解难题

因为热爱，马文恒能主动发现问题解决问题；因为热爱，他肯沉下心俯下身，用心钻研；因为热爱，他不仅思考活儿怎么干，还思考怎么把活干好。这种热爱，促使他不断刻苦钻研、持续创新，解决生产工作中的诸多难题。

2015 年 6 月，在一次电力抢修保供任务中，需要对电流互感器重新接线并测试极性，在测试中他发现传统电流互感器极性校核方法不仅灵敏度差，而且不适用于光线不足的抢修环境，存在结果误判风险。于是他从现场需求出发，设计了一种新型电流互感器极性测试装置，灵敏度高且能够实现声、光报警，测试过程由之前两人配合变为一人操作即可完成，解决了电流互感器极性测试的多项痛点，大幅提高了测试效率及准确性，据此开展的 QC 活动“电流互感器极性测试装置的研制”获中国电力企业联合会一等奖。

在长期的一线工作中，他追求极致的卓越，不断攻坚克难。2017 年，他研究的课题“一种电力系统高空测试线高处装取装置及其装取方法”被河南省科技厅鉴定为科学技术成果，“变电检修高效仪器仪表”获平顶山市科技进步二等奖。此外还获得国网河南省电力公司群创奖 1 项、优秀专利奖 2 项；发表论文 16 篇，授权发明专利 8 项、实用新型专利 22 项；参与编写河南省地方标准《新能源场站继电保护及安全自动装置监督导则》，参与编写书籍《继电保护技术题库》《变电站二次设备缺陷处理案例库》。

倾囊相授做好专业“传、帮、带”

一枝独秀不是春，百花齐放春满园。马文恒不仅自己致力于学习与创新，还注重带动同事一起成长，为专业持续发展积蓄力量。

工作之余，他经常在公司内部和各县供电公司开展专业授课，为青年员工和专业人员讲授继电保护知识，被邀请作为讲师在国网河南技培中心授课，累计授课 116 课时。2020 年他代表公司参与国网河南省电力公司继电保护技能竞赛，荣获个人二等奖，同时作为竞赛教练，曾多次带领团队在各级竞赛中获得团体及个人奖项。青蓝相接共成长，他用辛勤汗水获得的知识和技能，毫无保留地传授给徒弟，近年来培养了多名青年骨干，为专业发展作出了突出贡献。

路虽远，行则将至；事虽难，做则必成。在奋斗的路上，他将以敢为人先的开拓精神、锲而不舍的奋斗精神、精益求精的匠人精神，不断攻克技术难题、传承专业技艺、培养优秀团队，发挥“严、细、实”的工作作风，当好“电网安全的守护者”，为谱写新时代中国更加出彩的绚丽篇章贡献自己的青春和力量。

作者：王临宁

永葆“工匠心”电力“花木兰”

——记国网平顶山供电公司变电运维中心滍阳运维班班长　李丹

国网平顶山供电公司变电运维中心滍阳运维班班长李丹，像一颗永不生锈的螺丝钉，始终扎根电力一线，虚心学习，自我提升；积极奉献，主动作为；求真务实，示范引领，立足本职岗位，守土尽责，充分展现了电力女职工似花朵怒放般奋勇拼搏的芬芳年华。

李丹今年44岁，中国共产党党员。自1998年参加工作至今，一直从事变电运行工作，不折不扣地把自己的青春和年华都奉献给了电力事业。曾先后荣获平顶山供电公司“技能之星”“巾帼标兵”“优秀共产党员”“先进工作者”“电网工匠”以及“平顶山市职工职业道德建设先进个人”“平顶山市五一劳动奖章”等荣誉称号。2023年度被评为国网河南省电力公司电网工匠。

执着专注　精益运维

变电运维工作都是和设备打交道，每天重复繁琐的工作磨炼着人的耐性也考验着人的执着。李丹在变电站一待就是26年，先后在220千伏宝丰变电站、110千伏中兴路集控站、220千伏滍阳运维班工作，现任220千伏滍阳运维班班长。她所带领的220千伏滍阳运维班管辖平顶山西部电网的9座变电站，担负市政府、高铁站、医院、学校、煤矿和水厂等重要用户供电任务。“干工作与干好工作是两个不同的概念，从事变电运维，必须细致认真，不然心里不踏实，觉也睡不着。”这是她常挂在嘴边的一句话。

工作中她始终保持严谨、细致、认真的工作作风，参加所管辖变电站预案、规程、典票的修编制定。圆满完成了各种重要时段的保电工作，先后参与10余项输变电工程及变电站改扩建工作。零差错执行工作票4000余份，安全倒闸操作累计5万余次，保障了所管辖变电站的安全运行。

勇于创新 甘于奉献

疫情期间，李丹带领班组运维人员勇做最美“逆行者”，柔肩担重任，始终坚守一线，攻坚克难，主动调整值班方式、梳理重点保电线路，详细制定事故应急处置预案措施，加强测温，增加视频、现场巡视频次，组织人员“逆行”进入疫情严重的西市场变电站进行抢修，徒步翻山进入被封闭在村庄里的水库变电站巡视，坚决保障特殊时期的安全供电。

2021年“7·20”特大暴雨及“11·6”特大风灾期间，她带领班组成员连续4天4夜坚守在工作岗位，对所管辖变电站站内排水沟进行清扫、疏通，组织汛期及风灾特殊巡视，及时发现处理隐患26处，保证了所管辖变电站的安全运行，为电网安全稳定运行守住了安全线。

同时，她勤思善想、开拓创新，善于从工作中发现问题、解决问题。共发表论文20余篇，获实用新型专利4个、发明专利1个，先后有10项QC成果荣获省、市奖项，参与国网学堂变电运维专业系列微课件开发获优秀奖；8项合理化建议获公司“金、银点子”奖。

坚守热爱 责任担当

巾帼不让须眉，作为一位女运维班班长，李丹带领滍阳运维班团结奋进、拼搏创新，用激情打造青春火热的集体，为国网平顶山供电公司和平顶山市高质量发展，贡献巾帼力量，守护万家灯火。

李丹在给青年员工分享工作体会时说道：“我是18岁参加工作，工作在变电站，成长在变电站，很多师傅不仅传授我技术、经验，更教会我对待工作和人生，要认真、负责，要努力成为一个更好的人。工作不仅是责任，更要喜欢干、愿意干，在完成新建工程顺利送电后、在紧急抢修工作结束后、在经历风雨和黑夜的辛勤劳动后，我体会了自己的价值，很有成就感，也感受到团队的能量，很幸福，在看到千家万户温馨和谐的灯光时，我更为自己能够从事运维工作为社会做贡献而感到幸运、快乐和自豪。在接下来的工作中，我将继续坚守在变电运维的岗位上，守土尽责，传承运维人优良的工作作风，做好设备主人，为电网的稳定运行站好变电站的安全岗。”

像李丹这样的变电运维人员还有很多，他们是儿女、是父母，更是供电保障战线上冲锋在前的战士，他们用坚守践行初心和使命，用匠心艺心耕耘着热爱，用实际行动展现责任与担当。

作者：裴玉波

践行精益检修承诺　创造岗位非凡价值

——记国网平顶山供电公司变电检修中心电气试验专责　张文钢

张文钢，男，汉族，中共党员，1988年9月出生，技师，工程师，硕士研究生，毕业于辽宁工业大学电气工程专业。于2016年8月参加工作，在基层一线岗位上勤奋工作，现任国网平顶山供电公司变电检修中心电气试验专责兼生产调度员。

自工作以来，他立足本职岗位，恪守职业规范，认真对待每一项工作，做好每一件小事，积极完成变电设备专业化检修、故障抢修、技改大修、抢险救灾等各项任务。他热爱本职工作，注重个人锻炼、刻苦钻研业务，不断提高个人的专业素质和技能水平，从一名“目不识变电设备”的检修新人，一步一个脚印，逐步成长为工作负责人、检修副班长、专业专责，熟知变电一次设备的结构和工作原理，掌握变电一次设备检修的关键技术和标准化作业流程，具备解决变电一次设备复杂问题的能力。

他认真履行岗位职责，严格遵守各种规章制度和规程规定，高标准完成变电一次设备定检预试、专业巡视、投运前检查、验收送电等日常工作。积极参与故障抢修，通过思考设备工作原理、分析故障产生原因、找出故障解决办法，从理论分析到实践操作，多次高效完成220千伏贾庄变110千伏南母漏气处理、110千伏肖营变35千伏I I肖牛1开关拒合处理、220千伏苏园变220千伏北母PT故障更换等变电设备故障抢修任务。积极参与技改大修，亲身经历、实践锻炼，积累了丰富的施工和管理经验，高质量完成了220千伏王寨变220千伏隔离开关大修、110千伏南顾庄变110千伏隔离开关大修、110千伏汝河变110千伏隔离开关大修、220千伏舞阳变110千伏HGIS设备安装、110千伏柳源变110千伏GIS大修、110千伏向阳变向1号主变大修、110千伏甘江变110千伏

GIS 大修等多项技改大修任务。

他勇于担当、甘于奉献，主动参加抢险救灾工作。2021 年 7 月，河南特大暴雨期间，他主动加入到平顶山供电公司应急抢修队伍，驰援安阳抢险救灾，灾后的高压室内，湿热难耐，别说是干活了，光是站一会儿就满头大汗，但他和同事们根本顾不上汗水湿透衣服，或是钻入柜内，或是爬上梯子，不留余力地抢修设备，圆满完成了抗洪抢险任务。2021 年 11 月，平顶山风灾期间，他主动请缨 220 千伏宝丰变宝 2 号主变故障抢修任务，快速完成施工前资料准备，协同现场人员一起努力，解决多项难题，连夜奋战，提前完成主变更换任务，一次送电成功。2021 年 12 月，220 千伏宝丰变宝 2 号主变风冷系统改造和原故障主变解体检查施工期间，他发挥现场负责人的管理与协调作用，做好前期准备工作，注重加强现场安全与质量的管控，并考虑不同专业的差异性与协同性，强化专业配合，优化施工流程，确保了检修项目安全、有序、高效率完成。疫情期间，他和同事们则成为“逆行者，多次奋战在电力抢修一线，全力保障平顶山电网稳定运行，2022 年 5 月平顶山疫情封控期间，他和同事们驻守郏县变电站，坚守防疫底线，采取有效措施，克服了多重困难，安全完成了 110 千伏郏县变 2 号主变增容改造任务，保障了郏县区域电力可靠供应。

他勤于学习、主动创新，作为变电检修科技攻关团队的一员，着眼于解决变电检修工作实际难题。220 千伏舞阳变 110 千伏 HGIS 设备安装工作中，考虑到 HGIS 设备水平对接安装工作的不便，改良定位装置，提高了工作效率。110 千伏向阳变 1 号主变大修工作中，结合变压器油化验结果分析向 1 号主变油中溶解气体含量增长的原因为内部放电，并在主变解体过程中找到了放电点，进一步印证了变压器油化验分析结果。参与的 QC 成果“提高 HGIS 断路器分合闸测速准确度”解决了 HGIS 断路器分合闸测速准确度低的问题，获得了国网河南省电力公司三等奖；主持的 QC 成果“提高充油设备状态指示读取率”解决了部分一次设备状态指示读取率低的问题，获得了河南省质量协会一等奖；主要参与的 QC 成果“高压断路器控制线圈匝间故障检测装置的研制”解决了高压断路器分合闸线圈匝间绝缘下降不易检测的难题，获得了河南省质量协会一等奖。他秉承精益求精的理念，严格执行检修作业标准化，编制了《变压器有载调压开关吊检作业指导书》《变压器低压侧绝缘化改造作业指导书》《变电站集中检修作业指导书》等，规范检修作业，防止在作业过程中减项漏项，真正做到了“应修必修，修必修好”。他在自己的岗位上踏实工作、不讲苦累，在圆满完成各项检修工作的同时也促进了个人专业技术水平的不断提升，获得了国网平顶山供电公司变电检修试验业务技能劳动竞赛个人一等奖（2022 年）、国网平顶山供电公司 2021 年度“先进工作者”、国网平顶山供电公司 2022 年度“劳动模范”、国网河南省电力公司 2023 年度“先进工作者”等荣誉。

担任变电检修中心电气试验专责兼生产调度员期间，他严格落实“四个管住”工作要求，科学编制月停电计划，落实周管控、日安排，确保了检修计划刚性执行、生产工作顺利完成。做好专业管理，大力推进全业务核心班组建设，积极开展专业培训，提升了专业队伍的核心竞争力。坚持安全生产，参与编制的《变电检修反违章作业指导书》作为平顶山公司第一定稿版，为作业现场反违章工作提供参考，提高了作业人员安全作业和辨识、纠正、防止违章的能力，促使全员主动反违章，把问题消除在作业准备阶段，杜绝带着问题开工，真正守牢安全底线。

作者：贾淦涛

精准分析　筑牢安全防线，及时响应　助力高效运维

——记平顶山华辰电力集团有限公司副总经理　仝兆才

在电网的各个角落，总有一些人默默奉献，他们用自己的辛勤劳动和不懈努力，书写着人生的华章。他们，就是我们的劳动模范，他们的先进事迹不仅鼓舞着我们前进的步伐，更体现了国网的正义与公平。

仝兆才，男，53岁，现任平顶山华辰电力集团有限公司副总经理。自参加工作以来，他一直保持着对工作的热爱和敬业精神。从最基层的一线工人做起，他凭借过人的工作能力和不懈的努力，一步步走上了管理岗位。在工程建设上，他始终坚持以质量为核心，严格把控工程质量，确保每一项工程都符合国家标准。同时，他还积极参与生产流程的优化工作，提高了生产效率和生产质量，为企业的发展作出了重要贡献，2023年度被评为国网河南省电力公司劳动模范。

仝兆才同志在安全生产工作中，科学统筹施工任务，有序推进工作计划，强化时间节点，筑牢安全防线，各项工作指标持续稳中有升，顺利完成基建、大修、技改、抢修、配网及客户等工程项目86项，其中，河南平顶山姚孟电厂机组关停后，220千伏输电网补强工程一次性送电成功，该工程是省公司重点度冬保供工程项目，仝兆才同志扎根一线，为使工程建设有序推进，他从施工队伍调配、物资材料供应、工器具配备、场地环境等各专业角度编排施工方案，采取倒排工期、明确分工、细化工作职责、强化安全技术交底等措施，做好冬季施工现场安全管控，严格落实“四个管住”要求，合理安排工作计划，加强对现场作业人员、作业计划的审核，强化反违章工作力度，确保工作人员按章作业，规范完成每一项程序的操作和施工作业，最终确保度冬保供重点工程项目按期投运。

假期保电巡线不停歇

节假日期间全兆才同志带领输配电分公司对 110 千伏伏银线路进行雨后集中巡视，及时做好雨季线路隐患消除工作，确保安全供电。该线路位于叶县境内，全长 12.4 公里，穿越伏牛山山脉，承担着伏牛风电向叶县 110 千伏银杏变电源供电的任务。双节期间阴雨连绵，多处线路基础又位于易被雨水冲刷地带，为确保线路安全可靠供电，他带领输配电分司通过无人机对 110 千伏伏银线路 62 基电杆进行雨后逐杆巡视检查，及时发现并监测线路安全隐患 6 处，将发现的隐患立即进行整改，防止输电线路跳闸事故发生，保证供电线路节日期间安全运行。

驰援汝州方舱医院电力建设

疫情期间为助力汝州方舱医院建设，提升其收治患者能力，全兆才同志按照公司党委要求，组织带领党员及业务骨干成立“共产党员突击队”，深入疫区支援汝州神火集中隔离点业扩配套工程建设，驰援汝州方舱医院电力施工建设，施工期间，他坚守一线，昼夜不分，组织协调各项工作，仅用 5 日完成建设投运，以实际行动诠释“攻坚克难、勇于争先、甘于奉献”的精神。

强化安全基础管理

细化分解年度安全工作目标，建立反违章周通报机制，要求涉事单位针对违章问题做到讲清事情经过、剖析问题根源、制定整改措施。推动安全生产保证体系、监督体系同向发力。开展外包队伍安全管理能力动态评价，健全“负面清单”管理和退出机制。狠抓现场安全管控，落实落细“四个管住”，全面推动作业现场“三有四全”管理。夯实反违章工作基础，规范开展安全培训教育。同时，开展以“4・9”“5・18”“9・4”“11・3”等事故为主题的专题安委会学习和各分公司、班组专项安全日活动。在春秋季安全大检查、产业单位春季安全生产督导检查等专项检查中，完成 39 项问题的整改闭环。

作者：姚晓通

退伍不褪色，整装践初心

——记国网确山县供电公司园区供电部主任　张永明

张永明是国网确山县供电公司园区供电部主任，中共党员。工作 26 年来，每每遇到应急抢修、急难险重的工作，他都挺身而出，冲锋在前，这是刻在他骨子里的军人本色。张永明组织完成各类维修、抢修任务 3000 余次。

1995 年，张永明响应国家号召，义无反顾地投身到火热的军营，在部队经历了血与火的考验，不断地磨炼和鞭策自己，多次受到部队嘉奖，当上了班长。

1998 年，张永明退伍后进入确山电力公司工作，面对全新领域，他始终发扬部队的优良传统和军人不怕苦、不怕累、不怕死的精神，严格要求自己，认真学习专业技能，不懂就问师傅，翻书本、多练习。

2021 年因工作优秀，张永明任园区供电中心主任。他时刻遵循“人民电业为人民”的使命担当。他把印有自己联系方式的名片广为散发，全天 24 小时开机，有时一天要接上百个电话，成为名副其实的群众“热线”。群众一旦发生用电故障，不管多晚，他都会及时派单出动，从不拖延。

2023 年 7 月 15 日，初供 2 十里河农用线接地跳闸。事故就是命令，保电就是责任。张永明接到故障电话后，立即带领抢修人员争分夺秒赶到事故地点开展排查。由于当天夜里大雨倾盆，能见度低，排查难度大，故障点隐蔽，直到凌晨 1 点，抢修人员将故障点锁定在 65 号电杆景泰门业电缆分接头上。“虽然专变属于客户资产，但我们也要积极履行社会责任，不能耽误企业生产。”张永明立即组织人员一边开挖周围电缆沟，一边联系物资公司运送抢修物资。在满是泥浆的抢修现场，他们齐心协力、有条不紊地拆除受损电缆、更换新电缆，制作电缆中间接头、绝缘处理、试验电缆头，一道道工序争分夺秒、悄然进行着。经过奋力抢修，凌晨 4 时，电缆更换完毕，试验合格，该条线路终于恢复正常供电。

2024 年 5 月以来，确山地区持续高温，各村委的田间灌溉抽水进入高峰期，抗旱形势日趋严峻。张永明依据区域实际情况，周密部署抗旱保电工作，针对辖区内的泵站开展跟踪保电服务，重点对承担抗旱任务的供电线路和排灌供电设施以及人畜饮水、水利设施和抗旱用电设施开展全面特巡。同时开辟抗旱用电报装“绿色通道”，实现低压抗旱报装当日申请、当日施工、当日通电。全力保障农业抗旱灌溉用电，解广大农户“燃眉之急”。有一天张永明带领两名队员正在田间地头进行设备巡视，看到一位老农坐在一个水泵旁正愁眉不展。张永明走过去仔细询问才得知，原来老农是八里岔村民丁源清，他家的 6 亩麦收地急于灌溉种植玉米，“从我亲戚屋借来的水泵，怎么铺好水管按下开关就是不启动呢？我这几亩田再干下去怕是今年种不成了啊！”张永明当即拿出随身工具开始检修，发现问题出在抽水线路上。长久未使用的水泵，连接的还是之前老旧的细花线，接头早已烧坏。找到问题的他当即行动起来，顶着烈日，爬坡上坎，用带来的 2 圈胶质线替换花线并更换接头。电接通了，铺在地上的水管变得饱满，淙淙的溪水流进干旱的麦田，丁源清紧皱的眉头舒展开了，淌满汗水的脸上也露出了舒心的笑容。

在一次次抢修保电工作中，退伍军人张永明，身着军绿色工作服，站在守护万家灯火的第一线，用行动诠释“退伍不褪色”的责任与担当。

作者：张永生

退伍军人刘鑫聪的电力成长日记

——记国网遂平县供电公司中心供电部用电服务二班配电不停电作业　刘鑫聪

刘鑫聪，男，汉族，中共党员，1983年9月出生。1998年12月应征入伍，2000年12月退役。2000年至今在国网遂平县供电公司工作。2003年在河南电力工业学校参加农电专业学习，2004年5月份毕业。自部队退伍进入电力系统工作至今，先后在物业公司、配电中心、运维检修部、中心供电部等一线部门从事生产工作。

基层一线的电力行业需要职工有良好的自身能力和心理素质，有过军旅生涯的刘鑫聪始终怀着军人“召之即来、来之能战”的情怀，对于工作涉及的专业技术不怕从零开始，不断学习各种技能，努力学习和掌握电力系统运行方式及其特点，了解配电网运行情况。同时根据各类电气设备的需要，掌握相关的电工基础、电工材料等专业知识；根据现场电气运行情况选择最佳的运行方式，正确处理电气系统的设备故障以及突发性事故；初步了解班组管理和生产技术管理的基本常识，进一步加强自己的业务水平。

努力学习专业知识，提高岗位业务水平

自2000年进入电力系统工作至今，本着军人的自觉，怀着“干一行、会一行、爱一行”的思想觉悟，刘鑫聪先后自学了《电工基础》《配电线路运行规程》《配电线路带电作业规程》等大量专业书籍，使业务能力不断提高。并陆续考取了初级、中级、高级配电线路工和高压线路带电检修工技师。并于2012年参加配电带电作业取证班。同时，又能将所学知识与实际相结合并运用到工作中，熟悉与本职工作有关的技术标准、规程、规范等规章制度，具有较强的独立工作能力，对专业工作具有综合、判断、总结、协调的能力。

扎根电力生产一线，不断提升自身能力

从 2000 年进入电力系统工作，刘鑫聪被分配至物业公司工作，虽然从事安全保卫工作。但业余时间一直在自学《电工基础》《配电线路运行规程》等书籍，为自己充电。2010 年调入配电中心后，从事配网检修工作。刘鑫聪努力学习生产运行专业知识，不断提高自己的岗位劳动技能水平，最终熟练地掌握了线路安装架设和检修工作。先后参加了城网改造、井井通工程、低压台区治理等线路施工架设工作。2012 年 8 月，为了提高供电可靠性，减少非计划停电检修工作，刘鑫聪因为业务能力突出被公司领导从配电中心抽调到河南技能培训中心参加带电作业取证，在学习期间，因表现突出、成绩显著，被评为优秀学员。从此刘鑫聪走上了带电作业技术员的岗位，从事配电线路检修及维护工作。取得带电作业资格证后，县公司领导又派刘鑫聪到市公司带电班跟班学习，在长达一年的跟班学习期间，刘鑫聪积极学习市公司带电班师傅的工作经验，虚心请教技术问题，并通过自己的努力，熟练地掌握了一、二、三类作业项目的流程及规范。2016 年参加省公司国网公司配网不停电作业竞赛集训选拔，近半年的集训中，遵守纪律、认真学习、刻苦训练，使理论水平和实操能力得到了极大的提升，对配网不停电作业四类 33 项作业项目有了深刻的认识，为以后的实际工作和竞赛奠定了扎实的基础，最后被评为优秀学员。2017 年在省公司举办的县域配网不停电作业技术比武中，荣获“绝缘手套作业法带负荷更换边相隔离开关”项目个人二等奖的好成绩。2018 年被河南省技能培训中心聘为讲师，担任配网不停电作业简单 / 复杂证的技能实训授课及考评工作，已累计为省公司培训不停电作业培训高技能人才 2000 余人。由于技能水平扎实，2020 年、2022 年多次受聘于国网技术学院参与新员工集中培训工作，两年均被国网技术学院评为优秀兼职培训师。除了承担本省配网不停电作业取复证培训任务外，2020 年至今多次被省公司派往湖北省电力技能培训中心、江西省电力技能培训中心、湖南省电力技能培训中心参与配网不停电作业取复证培训和考核工作。2024 年 2 月受邀参与陕西省电力技能培训中心举办的配网不停电作业取证培训及考核工作。多次的省外授课经历也开阔了刘鑫聪的眼界，提高了对配网

不停电作业的认识，更得到了省外同事和学员的高度认可与好评。

自 2019 年开始，刘鑫聪和省公司配网不停电作业专家组成员共同编写配网不停电作业培训规范类教材书籍，已出版发行《配电网不停电作业技术与应用》《图解：配网不停电作业》《配网不停电作业项目指导与风险管控》。2020 年与全国带电作业专家工作委员会成员共同编写配网带电作业系列图册，已出版发行《安全防护与遮蔽操作技能》《配电线路旁路作业操作技能》。2022 年在国网技术学院录制线上培训课程“配网不停电作业方法探讨”，同年 9 月 13 日该课程被国网技术学院评为优质课程在国网学堂发布。2015 年以来，作为主要编制人参与编写、修订了驻马店供电公司配电运检专业各类管理制度。2018 年、2019 年、2022 年任河南省配网不停电作业竞赛驻马店代表队教练一职。通过几次竞赛培训，毫无保留地传授自己的技能和心得，为本市县公司配网不停电作业培训了一批专业技能优秀的人才。自从事不停电作业以来，仅 2018 年就开展带电作业 465 次，同比增长 188%；办理带电作业工作票 314 份，加班 220 人 / 次，其中支持配网工程 30 次，用户业扩工程 204 次，抢修 21 次；一般消缺 240 次，多供电量 796 万 KWH；减少停电 80235 户时，供电可靠率提高 0.0823%，带电作业化率 81.14%，为公司安全生产、经济效益、优质服务等方面作出了突出贡献。

恪尽职守精益求精，全面提高综合素质

在工作中，刘鑫聪大力加强班组管理，根据作业性质和现场条件，大力推行现场标准化作业，确保“两票三制”严格执行。强化标准认识和责任意识，狠抓现场安全管理，使作业人员能严格执行标准化流程和操作流程，从作业开始到结束始终处于可控状态，以“零违章”确保“零事故”。在担任技术员期间，班组安全生产稳定，未发生任何安全责任事故，班组多次受到公司表彰，荣获县公司“达标班组”和县公司“先进集体”等荣誉称号。

在政治学习方面，刘鑫聪积极参加本局和省局组织的各项政治学习和业务培训。工作之余，能够主动学习习近平新时代中国特色社会主义思想，关心党和国家大事，保持政治学习的连续性和及时性，坚定自己的政治立场，努力在

思想上行动上与党中央保持一致。在日常工作中，刘鑫聪时刻以共产党员的标准和军人的觉悟来要求自己和指导工作，注意树立和维护公司形象，保持较高的政治素养。能够遵守国家的各项法律法规和公司的各项制度，讲党风、讲原则，廉洁自律，坚决抵制不正之风，敢于同一切违法乱纪行为做斗争。在日常工作方面，刘鑫聪严格遵守劳动纪律，热爱本职工作，敬业爱岗，能积极主动接受部门领导交办的各项任务。对日常工作能按时完成，并注重提高工作的质量；对于工作中出现的难点问题，能出主意、想办法，富于开拓和创新精神，充分运用辩证的观点和方法来解决和分析问题。在工作任务重、时间紧的情况下，经常加班加点，完成部门领导和局领导交办的其他各项工作任务，始终以饱满的热情和专业的技能水平为公司贡献力量。

作者：邢闯

坚守初心二十余载　心系职工奉献青春

——记国网许昌供电公司党委组织部（人力资源部）副主任　周驰

“以埋头于点滴工作的方式，奉献于心怀的电力事业”，这是周驰同志的信念，是支撑他无数个夜晚在办公室里与灯光为伴、与月光共舞的力量，是他取得骄人工作成绩的动力源泉。周驰作为人力资源工作者，冲锋在前、敬业奉献、忠诚无悔，始终如一，他不忘初心，砥砺前行，用铿锵实干，交出了一张张满意的答卷，树立了一名质朴无华的人力资源工作者形象。曾先后荣获国网许昌供电公司先进工作者、国网河南省电力公司先进工作者、河南省年度人力资源管理先进个人、国网许昌供电公司劳动模范等诸多荣誉，2024 年被授予国网河南省电力公司劳动模范荣誉称号。

奋斗不怠　勤学苦修强能力

打铁还需自身硬。说起人力资源的业务知识，周驰总能头头是道，信手拈来，每当有职工询问起有关人力资源方面的问题时，他准会用自己丰富专业的理论知识做出准确无误的解答，这与他多年来孜孜不倦、倾力学习、用心总结是分不开的。周驰时常没有节假日，义务加班加点已是家常便饭。办公室的同事都有一个感触：从他走进办公室的那一刻开始，就没有停下来的时候。因为每一个上级来文需要他尽快吃透，每一项紧急的工作任务需要他尽快理出头绪，每一个来访的职工群众需要他耐心细致到位解答。他把对工作的热爱和对职工的关爱都定格在了每一日的工作场景中。

人力资源管理工作纷繁复杂，任务多、责任重、专业性强。周驰坚持“在工作中学习，在学习中工作”。即便在繁琐的工作状态下，他仍积极参加省公司组织的各类专项工作和业务学习，扩大业务学习范围，不断增强履职能力，提高工作质量。2019 年、2020 年两次参与省公司党委巡察工作，2024 年参与省公司党委组织部选人用人专项检查工作；2023 年、2024 年作为省公司柔性团队成员对郑州、漯河、周口公司市巡县工作进行指导，得到了省公司的高度认可与肯定。

勇于担当　心无旁骛抓履职

周驰始终以坚如磐石的信心和决心投入人力资源管理工作，迎难而上，以魄力铸就责任担当，以积极的心态迎接各种挑战。做到人尽其才、才尽其能，为公司高质量发展提供有力的人力资源支撑，这是党委组织部（人力资源部）副主任周驰在日常工作中最在意的事。入职 24 年，他干在实处、走在前列，出色完成了人才队伍建设、绩效管理、人力资源统计等工作。

承担人资业务以来，他除了负责公司本部及 5 家县公司的绩效管理及协调工作外，还负责公司人力资源数据的统计工作。2017 年 12 月，面临年底人力资源统计年报、年度综合考核、同业对标等众多工作，任务繁重、时间紧迫。但这样的情况并没有让他退缩，在保质保量的自我承诺支持下，他用连续数周的加班应对。当夜幕降临，你总能看到办公室里的灯光和他的身影相伴。在平时的工作中他也会经常被抽调到省公司工作，一去就是数周，除了省公司交代的工作要做好以外，“家里”的工作也不能落下是他对自己的基本要求，他选择的策略是，周一到周五出差工作，周六周日回来在办公室做“家里”的工作。有人说：“你做的这些又能得到了什么回报呢？”他回答说：“能对人民的用电事业有所贡献，就是对我最大的回报。”

精耕细作　完善绩效激活力

事业的发展关键在人，广大员工队伍蕴含着无穷的智慧和巨大的力量，通过有效的机制充分调动员工积极性、主动性、创造性，才能汇聚干事创业的强大合力，而绩效管理起着不可替代的关键作用。周驰积极完善公司绩效管理机制，面对改革过程中的痛点、难点问题不推诿、不逃避，构建“多元化、强激励”的全员绩效管理体系，将绩效管理与公司战略结合，与公司实际业务运作结合，促进员工与公司共同发展。

为搭建科学合理的绩效管理体系，周驰深度剖析公司效益提升过程中的难点、堵点，发现问题，明确目标，结合各部门及其岗位职责对公司业绩目标进行分类分解，逐步逐层制定业绩提升措施，引导公司各单位提升精细化管理水平，全面提高劳动效率。在推进工作的过程中，他始终以身作则、吃苦耐劳，反复推敲、论证全员绩效管理方案，广泛征求各单位、各层级代表意见，加大薪酬分配与考核结果挂钩力度，薪酬分配持续向高水平人才和骨干员工倾斜，切实激发员工与公司同奋进、共成长的主观能动性。

立足本职　创新创效促发展

周驰除了埋头于本职工作以外，还勇于创新管理，注重总结提升。参与《以多维精益为核心的全员绩效管理体系构建》等5篇管理创新成果获河南省、省公司管理创新奖项；力促全省唯一一项揭榜攻关成果“在供电所建立模拟市场化薪酬分配机制”荣获国家电网公司“示范项目”，被列入国家电网公司“大家讲产改”第一批约访名录；发表《深化全员绩效管理助推公司业绩提升》等12篇论文，其中3篇中文核心；主持、参与“提升公司绩效管理覆盖率”等6项QC成果，其中4项获河南省一等奖、1项获河南省二等奖，取得了国家QC诊断师资格。

春华秋实二十余载，他坚守自己的信念，在平凡中前行，在履职中尽责，事事用心，专业专注，凭借着吃苦耐劳的奉献与奋斗、攻坚克难的责任与担当，铸就了平凡而又出彩的“匠心”之路。

作者：刘博

履责守光明　青春闪光彩

——记国网许昌供电公司变电运维中心专责　汪阳

“作为青年人，特别是青年党员，一定要有朝气，在工作中要敢于担当，才能成就更好的自己。”汪阳一直这样要求自己。秉承着干一行爱一行的态度，他在变电运维岗位一干就是 11 年，从变电站值班员一步步成长为工区的安全专责，他始终保持严谨的工作作风，饱满的工作热情。4000 个日日夜夜，他穿行在许昌地区 52 座变电站里，默默地为电网设备的停送电和稳定运行提供着安全保障，在最平凡的岗位上无私奉献，为人民群众的可靠用电和经济社会的稳步发展贡献着自己的力量。2019 年荣获许昌市劳动模范荣誉称号、2024 年荣获河南省劳动模范荣誉称号。

日夜兼程　守护城市脉搏

为保障人民群众的正常用电，变电站内的重大停送电和临时抢修工作一般都在夜间进行，所以除了“光明使者”外，电网人还有另一个称呼叫“守夜人”。

自 2013 年参加工作以来，汪阳曾先后参与 5 座 220 千伏变电站和 12 座 110 千伏变电站的投运准备工作，经常连续几天几夜吃住在站上。汪阳经常对同事们说：“我们的工作性质需要经常熬夜，夜间人员容易犯困，因此我们更要把安全这根弦绷紧。”2021 年，在 220 千伏树海变电站验收和投运工作中，他在站上连续忙碌了一周，从检查站内辅助设施、核对设备双重名称、粘贴标识牌到核对保护配置、检查五防逻辑、协调消除缺陷、审核送电方案等，每一步他都一丝不苟，带领站上的同志们全程跟踪，牢牢掌控各项时间节点，最终确保了 220 千伏树海站的顺利投运。

风雨无阻 点亮光明承诺

作为一名青年党员，汪阳处处发挥着先锋模范作用，在2021年的“7·20”抗洪抢险中，他的婚礼刚结束，听到汛情紧急，他脱下礼服换上工装，毫不犹豫地奔赴抗洪一线，他第一时间调配来了大功率排水装置，赶赴到积水最严重的220千伏兴国寺变电站。“救兵来了！”站上的同志看到他激动地喊道。但是，随着雨越下越大，3台水泵同时工作也挡不住汹涌的洪水，眼看大水就要漫过变电站大门，汪阳临危不惧，他仔细观察现场情况后说道：“变电站区面积大，且站内有两处大功率强排水泵，与其费劲阻止洪水进站，不如主动将门外的积水引入站内强排系统。”这个大胆的想法，很快得到了在场人员的认同，在他的组织下，大家迅速在站内围成一条通道，将门外积水引入站内强排系统。仅用了十分钟，站外积水明显下降了，半个小时后生产抢修车辆便能够正常通行，成功缓解了站内险情。他的事迹刊登在了《河南商报》。

安全为先 精益运维保障

变电站内都是高压设备，一旦发生故障，停电涉及面广，社会影响恶劣，因此安全责任重大。2020年国网公司提出“四个管住”，对安全管理提出更高的标准要求，同年，汪阳成为工区的安全专责。

“面对日益严峻的安全生产形势，他一方面做好到位监督，牢牢把控作业现场安全，另一方面深挖各类安全事故背后成因，总结提炼出变电运维专业四化工作法，确保了我们市县200余名运维人员近三年30万余次的操作标准无误。”薛坡站站长陶涛说道。

2022年，在一次操作现场到位时，汪阳细心地发现变电站的防误装置只针对一次设备，对于二次设备的操作安全缺乏可靠技术手段，为了填补站用防误装置管理此项空缺，他及时将想法向主管领导进行了汇报，在领导的支持下，他联合厂家技术人员申报了“基于状态感知的智能安全管控系统的研发”科技创新项目，通过将安全工器具、二压板状态监测接入五防系统，使站内的一次设备、二次压板、安全工器具、站内安全措施得到状态实时监测和全过程闭环管控，大大提高了变电站倒闸操作的安全可靠性。该项目获得省公司科技进步三等奖，同年，他还在核心期刊发表论文 5 篇，获得专利 6 项。

实干为要　奋斗青春无悔

2020 年至今，汪阳共负责组织三次市县变电运维专业劳动技能竞赛，连续四年组织开展市县变电站季度评比，连续四年组织主业和外包人员安全教育培训和安全准入考试等工作，组织并参与变电站的专用规程和典票修编。在做好本职工作的同时，他还组织人员编写了《变电运维安全工作手册》和《变电运维实用化培训教材》，积极带领年轻人参加 QC 活动，通过创新解决现场实际问题，先后 8 次参加 QC 小组活动，并获得奖项。

在工作之余，他积极参加公司活动，积极发挥运动和组织策划等特长，把全部的业余时间投入到志愿服务和策划宣传工作中，2022 年他经许昌市团委推选，获得“河南省五四青年奖”提名，同年，由他策划拍摄的自编歌曲《电力担当之歌》获得中国书香 38 协会跨年节目优秀策划奖。

栉风沐雨砥砺行，不负韶华启新程。作为一名平凡的电网人，他始终坚信努力奋斗才是人生的底色。工作十年来，不管是急难抢修、坚守保电，还是抗击洪水、阻击新冠，他总是冲在第一线，召之即来、战之能胜，无悔奉献着自己的光和热。

作者：裴军辉

实干笃行　行稳致远

——记国网长葛市供电公司运维检修部变电运维二班班长　吕春亮

今年是吕春亮参加工作的第 20 个年头。20 年来，他始终坚守在生产一线，工作中，他兢兢业业、积极进取，坚持终身学习的思想不断充实自己，从青年员工逐渐成长为变电运行的中坚力量。曾成功申请专利 4 项，在公司系统技能竞赛，曾先后荣获许昌供电系统 110kV 变电运行专业知识技能竞赛第一名、许昌变电运维专业知识技能竞赛第一名等荣誉；先后荣获许昌市“五一劳动奖章”、许昌市“劳动模范”、许昌市“优秀共产党员”等荣誉。2024 年“五一”前夕，他被授予河南省“劳动模范”荣誉称号。

向下扎根，向上成长

吕春亮，自 2004 年参加工作以来，一直在供电调度、变电运行一线岗位。2018 年 6 月担任运维一班副班长，2019 年 10 月至今担任变电运维二班班长。

变电运维二班肩负着长葛市西部 8 座 110 千伏变电站、1 座 35 千伏变电站运维工作。作为运维班班长，他工作严谨、踏实认真、敢为人先、业务素养过硬，用热爱和匠心在变电运维基层一扎根就是 20 年。

精益运维，稳中求进

2023 年 4 月至 10 月，110 千伏葛南变电站进行为期半年的 10 千伏、35 千伏开关柜升级改造，其中 35 千伏开关柜改造为新的充气式开关柜。由于这种开关柜与老开关柜、手车开关柜的结构不同，没有负荷侧甲刀闸，并且母刀闸是三工位刀闸，有接通、隔离、接地三种状态，因此，在 35 千伏线路和母线上作安措的倒闸操作差异很大，同时典型操作票、现场运行规程也需要修改。

吕春亮以身作则，提前准备，认真查看厂家资料、图纸，在设备安装调试阶段，多次组织值班人员，熟悉设备构造、状态显示、压力表计等情况，参与后台机、五防机接线图绘制、遥信对位等工作，提前完成典型操作票、现场运行规程的更新，并将新 35 千伏开关柜结构差异、倒闸操作等做成课件，对全体班组成员进行宣讲培训。在整个改造期间，他带领班组人员认真准备、准确操作，共执行工作票 142 份、操作票 796 份，为新设备顺利投运打下了坚实的基础。

作为一名变电运维老员工，好学钻研的他始终秉承精诚协作、精心巡视、精准操作理念，用心守护电网设备安全运行。

2023 年 4 月 23 日，他和班组人员巡视到 110 千伏杜村变电站 35 千伏杜海线开关柜时，隐约听到柜内有放电声，仔细查看也确认不了放电部位。他当即做下记录，当天晚上又来到现场，对设备关灯夜巡，透过开关柜后柜门观察窗认真查看，终于确定电缆头放电位置，立即上报调度控制中心，开展倒闸操作，及时处理设备缺陷。正是这种专业、专注的匠心精神，他所在的变电运维二班 2023 年首次实现主网设备零跳闸。

2024 年，作为高考保电工作人员，吕春亮与班组成员一样，对负责高考保供电的 4 座变电站进行保电值守。但与往年相比，他的心头多了些许牵挂，他 18 岁的女儿吕子晗今年参加高考。作为父亲，他也想去考点为女儿加油。但身为高考保电人员，他又需要用责任和担当，为广大高考考生保电护航。高考前夕，他对女儿说，“你放心努力去考试，我会在考场外为你守护，我们一起加油。”女儿懂事地说：“爸爸，您放心，我们虽然不在同一个‘考场’，但都是为了自己的理想与责任而努力奋斗的，我会以您为榜样，脚踏实地、沉着应对，向理想的高校努力！”就这样，这对父女在各自的“考场”相互支持、鼓励着。

苦练内功，精进不休

倒闸操作及日常巡视是变电运行的核心工作，在日常的管理中，吕春亮狠抓队内倒闸操作、标准化巡视等核心业务，积极响应市县运维一体化要求，推行操作、巡视全过程录像，一方面保证了工作的痕迹管理；另一方面可以通过查询工作录像查漏补缺，提高队内人员业务水平。同时，把 6S 管理和标准化运维班的要求贯彻到工作中，对照管理细则逐项进行整改，加强了队内记录、档案等方面的管理，对站内典票、运行规程、消防、防汛等预案进行重新修订，及时根据设备改造情况更新台账、接线图、定置图，提高了队内设备、记录的管理水平。

实干为要，安全第一

安全是一切工作的基础，没有安全，所有的成绩都黯然失色。对于安全工作，吕春亮对班组成员反复要求，一是注重巡视测温，特别是在天气突变、有重要保电任务的时候，争取及时发现设备异常，防止异常发展成为事故，从而影响设备安全；二是加强操作管理，操作前提前分析操作中的危险点和可能出现的异常状况，积极采取措施提前应对；三是加强施工现场管理，对现场布置的安措要不定时检查，发现问题及时改正，要求施工人员严格遵守安规要求，确保安全施工。

薪火相传，生生不息

变电运维青年员工流动性大，理论基础强、实际操作经验欠缺，在平时的工作，吕春亮积极发挥传帮带作用，通过现场教学、微课堂的形式提升青年员工的安全意识和操作技能。

2024 年 3 月，110 千伏园区站长园 2、园 112 间隔、110 千伏西母进行设备改造，更换长园 2 号间隔刀闸，在设备验收期间，他组织青年员工蹲守现场，参与调试验收，在设备未送电时利用新设备进行实操训练，让他们感受新老设备操作上的差异，提升操作安全规范水平。

在防误装置维护及专项排查工作中，他组织班组青年员工深度参与，通过培训熟悉五防钥匙管理机的使用流程和五防排查注意事项，根据值班安排，以青年员工为主导，进行设备排查、维护，大大提升了青年员工对五防装置使用、维护的能力。

在他的帮扶下，班组员工路建辉快速成长，荣获 2023 年长葛市“五一劳动奖章”，路建辉、董奇在 2023 年度许昌供电公司带电检测竞赛中荣获县公司团体第二名。

作者：张瑜

匠心筑梦，电耀通许

——记国网通许县供电公司电力调度控制中心主任　朱长青

在通许这片充满活力的土地上，有这样一位电力人，他以匠心独运的调度艺术，织就了电网安全运行的坚实防线；他以不懈奋斗的工匠精神，照亮了千家万户的温暖灯火。他，就是通许县供电公司电力调度控制中心的领航者——朱长青。

二十八载坚守　铸就调度铁军

自踏入电力行业的那一刻起，朱长青便与调度室结下了不解之缘。二十八载春秋，他从一名青涩的电力新兵成长为调度领域的行家里手，用汗水与智慧书写了电力调度的传奇篇章。作为通许县供电公司电力调度控制中心的主任，朱长青不仅是一位技术精湛的调度专家，更是部门的灵魂人物。在他的带领下，调度部门实现了从量变到质变的飞跃，多次获得殊荣，他本人也被授予通许县劳动模范、优秀工作者等一系列荣誉称号，成为同事们心中的楷模。

精心调度，守护万家灯火

面对复杂多变的电网运行环境，朱长青始终保持着高度的责任感和敏锐的洞察力。2023 年，他带领部门精心编制了多套应急预案和保电措施，为迎峰度夏、度冬等关键时段的电网安全稳定运行筑起了坚实的防线。从“元旦”到“春节”，从“国庆节”，再到牵动万千家庭的高考季，朱长青和他的部门员工总是冲在最前线，用精准的调度指令和高效的应对措施，确保了全县电力供应的万无一失。在他的精心调度下，通许县的负荷预测准确率在全市五县中遥遥领先，赢得了上级部门的高度赞誉。

创新驱动，引领配电系统升级

面对新型配电系统建设的挑战，朱长青没有退缩，而是主动担当，勇立潮头。他带领部门深入一线，开展继电保护整定资料的整理、定值校核及配置图绘制工作，确保每一个定值都准确无误、每一个环节都紧密相扣。同时，他还积极响应市公司号召，推动配电自动化实用化水平的提升，为构建新型配电系统奠定了坚实基础。在他的不懈努力下，通许县的配电自动化水平得到了显著提升，为电网的精益运维和高效调控提供了有力支撑。

展望未来，续写辉煌篇章

站在新的起点上，朱长青没有停下脚步。他深知，电力调度工作任重而道远，需要不断创新和进取。未来，他将围绕国网开封供电公司“县调管理提升年”行动方案，进一步健全调度业务管理体系，深化配自系统等新技术应用，加强人员业务培训，不断提升部门整体素质和业务水平。他坚信，在全体同事的共同努力下，通许县的电网调度工作必将迎来更加辉煌的明天。

朱长青以匠心筑梦电力事业，以实干诠释劳模精神。他用实际行动证明了，只要心中有梦、脚下有路、手中有力，就能在平凡的岗位上创造出不平凡的业绩。在未来的日子里，他将继续以严谨认真、尽职尽责的工作态度，为通许县的电力事业贡献自己的力量，让电力的光芒照亮更加美好的未来。

作者：冯柯

执着追求　平凡中闪光

——记国网杞县供电公司营销部七级职员　张玉敏

择一事，终一生，不为繁华易匠心。从学徒“小张”到技能精湛的“张工匠”，十七年来她从事着看似简单枯燥的工作，始终以饱满的热情、兢兢业业的态度，扎根基层一线，把平凡的事做到不平凡，在多项计量重点攻坚战中奋勇当先，用最美好的青春年华捍卫着电能计量的“公平与公正”。她就是开封匠人——张玉敏。

厚积薄发　淬炼过硬本领

张玉敏，中共党员，2007 年参加工作以来，十七年磨一剑，从仪表校验工、装表接电工，到采集运维工、计量班班长，凡是电能表涉及的技能工种，无不精益求精，由一位初出茅庐的门外汉逐步成长为计量一线的行家里手。随着计量机制的改变，她不断自我提升，积极应用新系统，后台提取异常数据，及时分析计量装置异常信息，对计量错误的及时发现、及时处理，做到颗粒归仓，同时配合供电所开展台区线损治理工作。

多年来，她一直努力地将自己所学的专业知识运用于实际工作中，敢于提出原来工作中的不足，向老员工提出疑问，大幅提高了自己观察问题、分析问题、处理问题的能力。在领导的大力支持和同事的配合下，为我公司电能表修校迈向一个新台阶作出了自己应有的贡献，并得到了领导的肯定。

精研笃行　专业屡创佳绩

张玉敏参与编制了《电能表计量装置操作规程》《电能表耐压试验装置操作规程》等文件，通过该操作规程可以更好地开展电能表的检定工作。在 2013

年9月至2015年12月，协助省公司编制了第一、第二版质量手册、程序文件。2016年到供电所工作，从事客户服务工作，深入了解供电所工作，为更好地服务客户打下了基础。2016年11月至2020年12月，持续负责计量授权及计量标准考核建标工作，根据实际情况编制了第三版管理手册、程序文件，完善了计量管理制度，持续组织编写每年的人员培训、内部审核、外部审核、期间考核及管理评审工作，确保计量各项工作可控、能控、在控。

工作期间，于2009年、2010年、2016年、2018年、2019年、2021年分别多次被评为“文明职工”“农电教育培训金牌员工”“优秀共产党员”“先进工作者”等荣誉称号。2021年张玉敏同志被国网杞县供电公司聘为七级职员。

乐于帮带　助力青年成才

她在精研业务、自我成长的过程中，也毫无保留地向班组青年员工分享工作经验，致力于培养出更多的专业技术能手。善于利用工作间隙或者在现场操作时见缝插针地开展“微培训”，引导同事化整为零地学习专业的计量知识。计量是一杆秤，见证岁月，撑起公平正义。计量是一把尺，不差毫厘，才能不误千里。计量是一度电，跨越山河，点亮万家灯火。计量是一颗心，矢志不渝，守护国网情深。正是这小小的计量表计，承载着百姓与国网大大的信任。

她经常对同事们说：“幸福源自奋斗、成功在于奉献。”“巾帼绽芳华，玫瑰亦铿锵”，不知不觉间她已在计量的岗位奋斗十七余载，把最美的韶华奉献给挚爱的事业，立足本职岗位，浸润“以用户为中心”的理念，心系万家灯火，用朴实无华的匠心，谱写更加璀璨的华章。

作者：杜磊

初心如磐　笃行致远

——记开封光利送变电公司工程项目指挥长　刘潇洒

用青春守卫祖国，用年华捍卫光明。刘潇洒，中共党员，2012 年入职光利高科公司，从子弟兵到电力人，初心不改、兢兢业业，先后从事配网工程建设、党建、主网项目管理等工作，曾获河南省电力公司优秀团干部、开封供电公司先进工作者、开封供电公司劳动模范等荣誉称号。现担任光利送变电公司工程项目指挥长。

2021 年在主网工程建设关键时期，刘潇洒转岗到送变电公司，刘潇洒默默下定决心，一定要在平凡的岗位上干出不平凡的成绩来，而最好的证明，就是那一座座凝聚着辛勤汗水的变电站：刘潇洒先后参与完成 110kV 咸平变、110kV 康王变、110kV 城郊变、110kV 城郊变扩建、110kV 杨正门变扩建、110kV 郭屯变增容等基建工程。

2022 年 3 月，刘潇洒担任“墩苗”计划导师。作为“墩苗”计划柔性团队导师，他定期汇总学员思想动态、学习进度及工作完成情况，结合工程施工进度，及时优化学员学习任务、学习要求及工作安排，做到学员知识培训过程严谨细致、不留死角。坚决落实市公司党委及光利公司党委决策部署，以饱满的热情持续推进学员培训工作及工程管理工作。

树立大局意识，无私坚守默默付出。对刘潇洒来说，岗位职责大过天，他经常挂在嘴边的一句话便是：“这是我分内的工作，不管怎么样我都要完成好！”平日同事们亲切地称呼他为“潇洒哥”，有段时间，潇洒哥家里孩子因肺炎住院治疗，妻子还要照顾刚出生的老二，可当时正值工程建设关键时期，作为项目指挥长的他“扮演”各种角色：“现场明白人”“到岗到位”“现场管控第一责任人”。很多工作都需要他在场处理，接到现场工作负责人电话时潇洒哥二话不说，立刻赶往施工现场上岗。一个多月的时间里，无论哪个角色只要现场需要、工作需要，就会有一个忙碌的身影随时出现在那里。

2023年5月27日，110kV城郊变送电任务圆满完成，在施工关键时期，刘潇洒带领项目部成员积极面对，勇担重任。面对“新一代集控系统”，项目部统一思想、统一步调，配合业主积极沟通协调相关厂家，根据时间节点，倒排工期，明晰施工各阶段转型节点，并按照停电计划统筹施工力量和施工物资，集中力量搞“攻坚战”，为开封公司“远程智能巡视”替代人工例行巡视、“一键顺控”远方操作替代传统倒闸操作建设工作贡献积极力量，并提前里程碑计划一个月完成建设任务，赢得了相关部门的高度称赞。

2023年12月20日110kV城郊变扩建工程送电成功、2024年5月16日110kV郭屯变增容工程送电成功、2024年6月27日110kV杨正门变扩建工程送电成功……在刘潇洒的带动下，整个项目部人员的责任心和集体荣誉感不断上升，大家拧成一股绳，人人主动领任务，形成良好的工作氛围。成绩的取得来之不易，但刘潇洒一直认为这并不代表未来，只有勤奋努力的工作才是最真实的内涵，“路漫漫其修远兮，吾将上下而求索”，在未来的工作中，相信他会以百倍的信心和万分的努力去迎接更大的挑战，用辛勤的汗水和默默的耕耘谱写美好的明天。认真负责，爱跟自己较劲的潇洒哥，用坚持不懈的努力完成了一名普通职工到业务骨干的华丽转身。

刘潇洒是一名有着13年党龄的优秀共产党员，多年如一日，始终默默恪守着共产党员的职责，虽然身上的担子重了，但他身上的干劲儿也更足了，既然干一行，便要爱一行，就算再平凡的日子，再默默无闻的地方，也会有人用心对待每一分每一秒的宝贵时光，将虔诚的信仰融入朝朝暮暮的坚守，将满腔真情交付给最挚爱的事业。不断拼搏，不懈奋进的刘潇洒，未来一定会为开封地区电网建设高质量发展贡献出更多力量。

作者：陶晨冉

奉献在岗位　建功当尖兵

——记国网信阳供电公司变电运维中心主任　许成勇

许成勇，男，42岁，中共党员，国网信阳供电公司变电运维中心主任兼党支部副书记。作为变电设备管理的总指挥，许成勇同志以“守底线、夯基础、促提升”为工作目标，牢固树立“从严管理、和谐共赢、创新发展”的工作理念，弘扬“马上就干、真抓实干”的工作作风。他善于在业务中找问题、找难点、找痛点，在管理创新中寻方法、寻措施、寻实效，有效提升了变电设备本质安全水平，被评为2023年国网信阳供电公司劳动模范。

精益设备运维，成效明显。许成勇同志自2005年加入供电公司以来，便扎根在电网运行生产一线，历经专业领域的不同岗位，他始终保持精益求精的工作劲头，下基层巡视走访时总是把遇到的问题记下来，用心琢磨。信阳供电公司集中新增变电站15座、变电站改扩建工程85项，他组织编写变电站专项运行规程15份、变电站典型操作票15份，组织修编变电站专项运行规程65次、变电站典型操作票54次。在日常工作中，许成勇带领职工及时发现、核实、跟踪、处理设备各类缺陷351项，降低设备故障率，提升了信阳电网设备本质安全水平。在他的带领下已实现220千伏变电设备四年“零跳闸”，35千伏以上变电设备跳闸事件发生率下降40%，未发生运维责任的110千伏以上变电设备跳闸事件。同时严细二次设备运维，创新常用压板红点标识，保护装置旁制作粘贴操作提示卡，未发生保护误投、漏投事件。

紧盯现场，守牢安全底线。许成勇严格落实变电站内安全管理“负总责”要求，对近电作业、近站作业、大型机械作业等进行旁站管理；实行操作票、工作票许可人，班组，中心“三级”联审。超标准落实领导人员“四个一”要求，到岗履责次数位居公司前列。在电力行业中，安全是永恒的主题，定期组织安全培训和各类应急演练，近三年他组织 36 场安全培训和 54 场演练，提高员工的安全意识和应对突发情况的能力。同时在当前的安全形势下，他组织编制变电站相关管理规定，在变电运维人员操作和许可开工过程中全程佩戴行为记录仪，规范倒闸操作和工作许可流程，提高运维人员安全意识，降低工作风险。在他的带领下，变电运维中心各班组的安全记录一直保持为零事故。

严抓变电站综合管理。许成勇同志非常注重团队协作，他常说“一个人的力量是有限的，但我们变电运维整个团队的力量是无限的”。他鼓励各班组相互帮助，有一次，映山红运维班所辖 4 座变电站同时操作，映山红运维班当值以及备班人员不足，得知情况后，许成勇当即安排临近的弦城运维班派遣主值去协助映山红运维班，最后顺利完成各项操作。同时扎实开展站绩评比工作，13 个运维班站容站貌、综合管理水平大幅提升，信阳站成为公司迎检亮点单位，受到国网公司、省公司领导一致好评。他还组织班组长能力综合评估，优化班组人员配置，现已对 10 位班长、7 位副班长进行岗位变动。

核心业务技能稳步提升。此前变电运维中心人员老龄化严重与国网数字化建设不匹配问题显著，许成勇同志组织运维人员技能培训，编制“变电运维中心变电运行值班员技能提升工作方案”，坚持“每日一学、每周一练、每月一考、每季度一评”，现已开展每日一学 378 次、每周一练 54 次、每月一考 12 次、每季一评 4 次。他同时也注重青年员工的培训工作，对新入职大学生制订专项培训计划，加快其能力提升，使其能胜任变电站各项工作。已有两名青年员工在国网公司技能培训班获优秀学员称号，总体排名全省第一，1 名员工在省公司班组技能竞赛获得个人三等奖。

强化科技创新，敢于尝试。为持续提升电网设备可靠水平，许成勇坚持以“围绕设备、贴近设备”为原则，聚焦管理和技术创新。他所主持项目“研制变电站电缆沟在线监测装盒子”获得国网河南省电力公司质科技创新成果一等奖、“研制变电站变压器智能降温装置”获得国网河南省电力公司科技创新成果三等奖，这些创新成果为信阳电网的提质增效作出了有力的贡献。

许成勇同志将继续保持对工作的热爱和敬业精神，带领团队不断前行。坚守初心使命，弘扬工匠精神，不断提高业务能力和技能水平，为加快塑造“美好生活看信阳”品牌、助力老区实现“两个更好”作出电网贡献。

作者：张圣龙

身如逆流船　灿若夏时花

——记国网信阳供电公司营销支持中心主任　夏兰

夏兰，国网信阳供电公司营销支持中心主任，国家电监会“电力监管供电检查专家”、全国五一巾帼标兵、河南省百名技术能手、河南省五一劳动奖章获得者、河南省电力公司“十佳服务之星”，参与出版《供电优质服务一本通》等多部书籍，“开发高压业扩报装‘一屋办结’新方法”获全国QC小组示范级荣誉。

勤学实干，练就“硬功夫”

1996年10月，19岁的夏兰进入信阳地区电业管理局，以营业所检修员身份，正式开启职业生涯。在基层“摸爬滚打”十余年，先后担任业务受理员、大客户经理，逐渐累积了较为丰富的业扩工作经验。初任优质服务专责处理意见、投诉工单时，夏兰时常觉得棘手，她意识到，必须进一步丰富专业知识、提升业务能力，才能在维护公司正当利益的同时，妥善解决用户诉求。

为快速提升能力，夏兰开始积极参加各类业务技能竞赛。2010年，接到第四届服务之星竞赛通知时，恰逢信阳公司开展“提供居民服务质量专项行动”的关键时候，她每日凌晨5点多起床，工作之余学习到深夜，困了就稍微打个盹；日常服务投诉客户时，无论酷暑严寒，都无法阻挡她奔赴现场调研的步伐，无法动摇她“件件查清楚，事事有交代”的工作信念，她将相关工作经验编撰入《供电服务典型案例汇编》，为广大员工提供重要指引。

“十年磨一剑，出鞘必锋芒”，致力于“磨剑”的夏兰，逐渐做到专业知识扎实、业务能力过硬，累计8次在省、市公司各类服务竞赛中荣获佳绩，另外斩获“全国五一巾帼标兵”“河南省百名技术能手”等奖项，实现知识储备、业务能力“两开花”，为后期形成“严、准、细、快、实”的工作作风奠定了坚实基础。

身先士卒，打赢“攻坚战”

2021 年 10 月，信阳市面临着近 20 年来电力供需最为严峻的形势，负荷快速增长、电煤持续紧张，信阳供电公司抽调技术人员，成立小组，由夏兰担任组长。彼时任职营销支持中心副主任的夏兰临危受命，带领“有序用电”临时工作小组成员，无论工作日或休息日，不分昼夜坚守岗位。“有的同志休婚假第一天，就过来集中办公了，我身为小组组长，更应该以身作则，不能搞特殊化。”夏兰说。为确保每日压限任务及时、精准完成，她和组员“扎根”在办公场所，一日两餐都是盒饭，最终坚守住了“不影响居民、公共服务及重要用户用电”的安全底线，实现了“有序用电”综合执行情况全省排名第三的“逆袭”。

不仅是“冲锋者”，更是优秀“指挥官”。任职营销支持中心副主任、主任期间，夏兰深挖部门各专业潜力，打赢多场“战役”。2022 年，提升稽查、计量等关键业绩指标，助力公司营销整体指标进入全省第一方阵；2022—2023 年，组织政务大厅供电窗口开展市级政务评价工作，助力市公司连续 6 季度排名前二；2023 年，不断优化用户办电体验，严格督导数据填报及满意度调查工作，助力优化营商环境，省评成绩跃升至全省第二；2023 年，提前高质量完成中心城区 539 个小区户表改造工作，3 次获市、区政府表扬。

以人为本，深挖“创新点”

2022 年 4 月，通过多次实地走访高压用户，夏兰发现当前的高压报装速度无法满足客户“快报快装”需求。个别用户着急用电，相当部分用户表示希望供电公司接网工程超前自己内部受电工程完工。

“工作要创新，团队要进步，就必须不断深入挖掘群众所盼所需，然后千方百计满足群众合理诉求。”为压缩高压业扩全流程、各环节时限，夏兰亲自设计内部时长管控卡，要求限时开展现场勘查、竣工验收等工作，安排专人每日发布工单预警，另外创新接网工程线上管控机制，保证接网工程前置受电工程完工。近两年，信阳地区高压办电速度、接网工程实施速度均稳居全省首位，相关成果多次揽获国家、省级、市级荣誉。

在夏兰看来，企业创新应“源于用户，归于用户”。为了优化企业“售后服务”体验，夏兰集中部门各专业人员，组建综合型服务团队，提供“党建+多业务”套餐式上门服务。观察到群众、企业线下开户、过户时，需分别前往水、电、气、信营业厅，便以建设路营业厅为试点，一站式受理“水电气信”业务，在基本上不增加公共资源投资费用的前提下，有效缩短服务半径。此外，她在部门建立绩效激励机制，员工奖金与创新工作挂钩，被中国信息协会、中宏网河南收录典型案例 13 次，《电网动态》《政府快报》等平台刊登先进做法 40 余次。

“常绿斗严寒，含笑度盛夏。花中真君子，风姿寄高雅。”深耕营销专业二十余载，夏兰在无数次逆流而上的过程中不断成长，如同一朵坚韧之花，璀璨绽放在为用户服务的路途上。

作者：范金雨

“电”亮营商环境　建功基层一线

——记国网信阳供电公司营销支持中心服务渠道技术专责　刘霞

刘霞，女，1992 年 5 月，中共党员，大学本科，工程师 / 技师，服务渠道技术专责，兼任信阳市政务大数据中心电力首席服务官、信阳肖家庙村第一团支部书记。她是国网公司第九届供电“服务之星”、河南省青年岗位能手，河南省优秀第一团支部书记，国网河南省电力公司先进工作者、优秀共产党员、五四青年、巾帼建功标兵等荣誉获得者，也在国网技术学院“农网营销”技能竞赛中获得第二名。

主动服务，匠心聚力拓渠道

供电窗口是入驻信阳市政务大数据中心的 34 家窗口单位之一，为全面提升政务服务工作质效，刘霞作为电力首席代表从步入大厅工作的第一天起，就立志打造最“靓”服务窗口。经过坚持不懈努力，她带领的服务团队连续 8 个季度蝉联信阳市政务大数据中心 34 家窗口单位前三的好成绩。她坚持为客户提供“预约办”“帮代办”“延时办”等惠民服务渠道，多次解决群众“急难愁盼”用电问题。

打造政务“电小二”金字招牌，刘霞创新推出信阳水电气信“联合办”、窗口服务“省心办”、供电场所“共享办”、全量业务“掌上办”、绿色通道“加速办”的系列“五办”服务举措，推动构建多方协作机制，在全省率先实现供电营业厅窗口“水电气信”一窗通办，实现客户从“多次分头办”向“一次联动办”转变。同时，“打造水电气信‘共享营业厅’，畅通政务联办‘快车道’”被评为信阳市政务服务大厅 2022 年企业服务十佳创新案例，并且被《中国营商环境》（国家一级协会）转载宣传。全省率先打造的“充电桩报装一件事”，入

选2024年第七届全国政务服务博览会创新典型案例。

务实创新，多措并举优营商

刘霞多措创新，主要参与编写了11篇专利、2篇著作、9篇论文（其中2篇被SCI-E收录），2个QC成果荣获河南省总工会二等奖，1个QC成果荣获河南省电力公司二等奖。因工作表现突出，她被评为河南省、信阳市青年岗位能手。

刘霞在负责营业厅服务提升时，经常碰到客户到营业厅反映收不到电费余额变动及停电的信息，并且时常有申请修改联系方式的95598意见工单，给实际工作造成极大的困扰。于是，她开始在如何提高客户联系方式正确率上琢磨开了，她建议将客户的联系方式以脱敏形式显示在电费票据、自营渠道，以及依托第三方平台的微信、支付宝、手机银行等App生活缴费界面上，与客户名称、用电户号一并展现。这样，客户核对电费信息时，可直接对需更新的联系方式申请修改。她注重积累，乐于分享，由她编写的《提高客户联系方式正确率》合理化建议，通过层层闯关，荣获国家电网有限公司优秀合理化奖。

建功基层，技能先行展芳华

“供电小窗口，服务大舞台。”刘霞说，“不能预见下一分钟客户有什么新需求，但要时刻准备着。”为了便于居民能正常收到电力相关信息，她牵头指导信阳市、县供电所收集并整改电力营销系统中居民无效联系方式83.1万条，在省级供电服务指挥业务评价中，带领基层将“客户停电信息到户率”指标从倒数第三提升至全省第一。

刘霞说，供电服务事关国家电网品牌形象，为了用心服务好每一个客户，弄明白现场抢修过程和了解客户真实需求，她经常跟随计量或抢修师傅到工作现场学习实践。一次大冬天的雪后，她又主动要求跟着所长夜间巡线，查找停电原因、消除供电隐患。结束后所里的老师傅都对她伸出大拇指，称赞道：“没想到，你这小妮还挺有韧性的，不仅工作操心，还能吃苦，雪夜巡线，我们还担心你会摔倒或者坚持不下去呢！”

服务社会，担当作为重实效

从职场“小白”到国网公司“服务之星”，刘霞不仅服务零投诉，还收获了 4 面锦旗、5 封客户和上级领导的感谢信，她的个人事迹《至诚服务守护万家灯火》被国家级媒体“中国网”报道，《供电服务新星》被 2017 年优秀职工《岗位成才故事》(中国电力出版社）收录并发表。

作为信阳市浉河区十三里桥乡肖家庙村第一团支部书记，刘霞日常除了配合村里开展乡村振兴等工作外，还经常利用业余时间，参加各种形式的志愿者活动。因驻村工作表现突出，她被评为省级、市级、区级三级优秀第一团支部书记。在 2021 年建党 100 周年之际，被评为河南省电力公司优秀共产党员。

“为民服务要热心，解答疑问要耐心，提供帮助要诚心，真诚待人要恒心”，这是刘霞给自己定的服务准则，九年的工作时间里，她也是用这最本真的“四心”给电力客户送去光明，用实际行动践行着“你用电，我用心”的服务理念。

作者：范金雨

立足本职岗位，践行社会责任

——记国网信阳供电公司营销支持中心业扩报装服务班班长　沈欣

沈欣，国网信阳供电公司营销支持中心业扩报装服务班班长，曾获2019年度“平桥区优秀驻村第一团支书”、2021年国网河南省电力公司“应对特大暴雨抗洪抢险保供电先进个人”，率领国网信阳供电公司业扩报装服务班获得2022年度国网河南省电力公司“工人先锋号”；参与“开发高压业扩报装‘一屋办结’新方法”，获全国QC小组示范级荣誉。

沈欣自2014年入职国网信阳供电公司以来，积极参与脱贫攻坚工作，认真完成信阳团市委和国网信阳供电公司团委安排的各项团青和扶贫任务，确保帮扶的贫困户完成脱贫；2021年郑州“7·20”特大暴雨，他主动投身抗灾救灾工作中；认真贯彻市委市政府决策部署，积极配合完成重点企业供电服务工作，全面提升电力营商环境。不论在哪个工作岗位，不论干何种工作，他都能够认真负责，全身心地投入到工作中。他每到一个岗位，都能很快胜任工作，不论遇到的困难有多么艰辛，他都能兢兢业业圆满完成领导交办的工作任务。

响应号召，积极投身脱贫攻坚

2018年，信阳公司选拔信阳市驻村第一团支部书记，沈欣积极响应团市委号召，主动报名成为明港镇段湾村第一团支部书记。为了使段湾村的贫困户们完成脱贫，他深入学习贯彻习近平总书记关于扶贫工作的重要论述精神，加强自身扶贫工作的理论和思想水平。他通过多次走访调查，了解段湾村每个贫困户的基本情况，了解他们致贫原因，并宣传各项扶贫政策，尤其是电力扶贫政策。

在帮助贫困户脱贫过程中，沈欣结合自身职业特征，充分了解本村生产生活需求，积极同公司配电网建设部门沟通，为段湾村争取新建公变1台，公变改造3台，线路新建及改造10余公里。2018年12月底，为了村内的贫困户能够温暖地度过冬天，沈欣积极向公司团委汇报，筹集资金3000余元，为贫困户购置了棉被、大衣、手套等急需的度冬物资。2020年疫情突然来临，防疫物资极度短缺，沈欣积极向公司团委汇报，筹集医用一次性口罩5200只送至明港镇段湾村和清淮村，为战斗在抗疫一线的工作人员和贫困群众送去急需的防疫物资。

使命担当，积极投身抗灾救灾工作

2021年7月20日，郑州遭遇历史罕见极端降雨天气，为响应省公司号召，当时作为公司物资部一员，沈欣第一时间报名参与了省公司灾后抢险电力物资保障工作，与来自全国各地的电力抢修队伍并肩战斗5个昼夜，收货（转运）电缆近200车次，1000余盘，累计发料配送500余单次。为灾后电力抢修工作，提供有力的电力后援保障工作，圆满完成郑州市居民配电抢修电缆供应攻坚战。和全国各地的救援队伍共同抢险的日子里，所有救援人员以保障人民群众用电为己任，始终保持“越是艰险越向前”的气概，苦干实干，履职尽责。

业绩优良，助力优化营商环境

沈欣作为营销支持中心业扩报装服务班班长，一是发挥榜样引领作用。营销支持中心业扩报装服务班积极探索“环节最少、效率最高、服务最优”的有效路径，首创“一屋办结”服务模式，多层面、全方位推广高压“一屋办结”服务模式；发布“开发高压业扩报装‘一屋办结’服务模式”QC成果，获国家级一等奖、省级二等奖；打造典型案例，被省发改委平台收录，当选信阳市优化营商环境十大创新案例之首。二是全力提升高压业扩服务质效。创新“云验收”“典设+”系列举措，不断压缩办电时长，完成800余件高压业扩报装工单，压降内部可控环节时长至4.78个工作日，2022—2023年连续两年全省办电时长最短，为客户节省办电成本约2200万元。获省政府部门和市政府领导批示及文件表扬16次，被国网、省公司平台刊发先进举措14次，累计收到用户锦旗12

面、感谢信 6 封。

平凡的工作岗位上没有惊天动地的大事业，沈欣每天热情而执着地做着一件件不平凡的小事。播撒青春，奉献热情，用自己的真心情意去服务群众，播撒温暖和光明，用自己的实际行动践行“人民电业为人民”的服务宗旨。

作者：陈婕晓

真心细心热心　服务永葆称心

——记国网信阳供电公司营销支持中心营业班副班长　李雨璇

“您好，请问有什么可以帮您的！”来有迎声，去有送声，热情主动的服务态度，是李雨璇给每位客户留下的第一印象。营业厅是公司对外服务的窗口，工作的每一个细小环节都事关公司形象。

作为窗口工作人员，李雨璇始终认为“没有不对的客户，只有不对的服务”，她常常告诫自己要与客户换位思考，保持真心、细心和热心三个工作秘诀，对自己提出“四个做好”工作要求，让每一位接受服务的客户都如沐春风，无论客户进门时满意与否，都要让客户出门时满面笑容。

做好规范敬业的服务者

电话里耐心细心，严守客户信息安全。李雨璇每天的工作任务之一就是接听客户来电，隔着电话线，她坚守客户信息安全有关要求，保持百分警惕，及时辨别出来电客户的意图，与套取信息的不法分子斗智斗勇，哪怕对面的不法分子扬言要投诉，她也绝不泄露客户用电信息，曾经有一位信贷公司人员与李雨璇打了6通电话，软硬皆施也没有拿到想要的客户电话和身份证号，最后他竟对李雨璇说：“我真佩服你，为了不相干的人竟然能保密到如此程度。”李雨璇这样回答道：“用户把信任毫无保留地交予我，我要对得起这份信任！”

柜台前热心耐心，只为客户百分满意。有一次，李雨璇接到一个客户的过户申请，发现原客户用电发票均未开具且未在系统中维护开票信息，为避免原客户未及时开具发票影响后续报账，她主动联络原客户会计核对好历月电费情况，根据会计提供的开票资料，及时进行维护并将历月专票全部开具。那个会计前来取票时连连感叹：“把用电交给你们，我放心！”这一举动为原客户避免了 2 万多元的损失，也避免了该公司日后报账的问题。

做一名乐于创新的青年人

李雨璇会收集服务过程中客户提出的各种问题，并想办法一一解决，有时候只是客户无心的一句话，她都会记在心里积极寻找最优解，不断创新，为客户提供更方便快捷的办电环境。

“供电场所共享办”是李雨璇服务客户的一个创新举措，灵感来自客户办电时的咨询。在为客户服务过程中，总会遇到客户对供水、燃气业务的咨询求助，她就想：“客户买了房子，首先要办的就是通电通水通气，或者水电气过户业务，客户办这些业务需要带三份资料跑三个地方，极其浪费时间，要是可以一起办完就好了。”受信阳市政务大厅“一件事一次办”窗口的启发，她将政务网带到了各供电窗口，为业务员现场教学演示通过信阳政务服务网办理“水电气更名过户”“水电气信报装”等业务，还在供电营业厅设立“水电气信”服务专区，实现供电窗口“水电气信”一窗通办，原来需要跑半个城区办理的业务，在供电营业厅十分钟即可办完。

做好为民着想的志愿者

李雨璇始终认为承诺有时限，服务无时限，朝九晚五之外见真情。建设路营业厅是公司的雷锋志愿服务站，她作为其中一员，利用空闲时间组织营业员在市区各社区轮流开展便民服务，将大厅服务搬至客户门前，为社区居民讲解电力知识，宣传用电政策，发放用电告知书、办电指南等电力资料，教会社区居民使用“网上国网”进行线上办电。根据各类用电热点问题，如户表改造、供暖期电价调整、上学季发票清单打印、多人口电价认定、拆迁区销户退费等，及时针对性地开展服务，现场解决客户用电问题，确保有相应需求的客户全面了解服务政策。

考虑到现下多媒体的流行，李雨璇拓宽服务渠道，将志愿服务线上化，依托微信创建“申小电”视频服务号，发布用户感兴趣的用电知识，线上受理用户咨询，尽可能为用户创造便捷高效的用电环境，用实际行动诠释电力人的责任担当，书写“雷锋精神”的供电情怀，让志愿服务成为企业与群众之间的“连心桥”。

做好关爱群众的贴心人

作为窗口工作者，李雨璇对待客户需求比自己的事情还上心，客户没想到的事她都能替客户想到。

2021 年 10 月的一天，家住大拱桥村的李老太到建设路供电营业厅查询电费电量时，李雨璇发现李老太家近两个月的电费都是深夜通过网上缴存，这显然与老年人的作息习惯相悖，实属反常，她主动询问情况。老人说自己最近参加了一个老年养生讲座，被推荐使用了一款号称“和供电公司合作、交 500 返 500”的第三方软件进行电费缴存。经过仔细查询发现，李老太实际到账的电费金额比老人支付的金额总是少 200 元左右，她意识到李老太遇到了诈骗，马上向老人耐心讲解，还为老人打印出相关的缴费记录和收据。为防止老人再次上当受骗，李雨璇还在李老太手机上留下了自己的个人电话，并为老人下载了“国家反诈中心”App。

事情办结后，李雨璇担心还有其他老年人被骗，立马总结了几种常见的电费诈骗方式与防范措施，制作宣传页，上门为老年用户开展电费反诈宣传，守护客户财产安全。

10 月 18 日一大早，李老太专程来到建设路供电营业厅，拉住李雨璇的手连声道谢：“要不是你，我还不知道要被骗多少钱，你比俺亲闺女还亲！”

志之所趋，无远弗届；穷山距海，不能限也。服务窗口都是繁琐重复的小事，李雨璇通过每件小事总结服务方法，以饱满的热情做好每一天的平凡工作，让每位客户全方位体验信阳供电公司高效便捷超前的优质服务。在基层一线绽放属于青年人的时代光辉，不忘初心，始终牢记“人民电业为人民”的企业宗旨，真心热心细心，服务永葆诚心，用自己的实际行动践行“你用电，我用心”的服务理念，让客户“只进一个门，只找一个人，办完所有事”。

作者：陈程

立足岗位做表率　勇挑重担立新功

——记国网潢川县供电公司营销部智能用电班班长　陈强

陈强同志，现任国网河南省电力公司潢川县供电公司智能用电班班长。1993 年 11 月入伍，1995 年 4 月加入中国共产党。在潢川县供电公司工作以来，先后从事营销系统、营销稽查、反窃查违、计量管理和台区线损管理任骨干力量。2016 年—2023 年主抓反窃查违工作，营销稽查查缺补漏增效 1200 万元；2017 年接手反窃电工作，查处窃电成效 400 万元。2023 年参加信阳市电力系统岗位技能竞赛，荣获反窃电专业一等奖，并多次被公司授予“先进个人、优秀共产党员、安全技能标兵”等荣誉称号。

不忘初心，知行合一

由于长期受部队环境的熏陶，陈强同志在大是大非面前能够保持头脑清醒，坚持党性原则。始终用一个党员的标准严格要求自己，立足本职，刻苦钻研业务技术，努力干好本职工作。

以身作则，精益求精

陈强同志由于是退伍转业出身，参加工作以来，一直注重自身专业能力提升，并于 2007 年参加河南电力职工大学函授电力系统继电保护与自动化专业学习，获大专文凭。同时也申报助理工程师专业资格，并在规定的时间里学习合格。2018 年 1 月至今，参加河南理工大学函授电力系统继电保护与自动化专业学习，获本科文凭。2023 年通过培训，获得技师职称。针对专业性知识，潜心研究，总结和编写的论文《电力营销稽查管理存在的问题与对策研究》在《商品与质量》周刊中发表，重点强调了营销稽查水平影响供电企业综合服务水平，同时影响供电企业经济效益好坏。在从事多种专项管理期间，努力提升自我，以认真负责的态度，利用多学多问等方式，逐步成为各项专业中的“大拿”，将所掌握的专业知识，编写成各项业务技能指导书。为提升所辖供电所一线员工的专业技能，用心对岗位操作人员进行传、帮、带培训工作。

创新实干，刻苦钻研

陈强同志在公司营销部从事系统管理工作以来，一方面放弃休息时间学习专业，有针对性地使自己“强化训练”；另一方面对自己提出问题向师傅求教，勤思、多做、苦学、牢记。利用较短的时间学会了系统中业扩、电费、计量、抄核等专业业务工作流程，根据自身经验，寻找系统中需注意的事项，并按照业务数据，每月对所有高压专变电费算费情况进行核查，针对性地查找电费核算中的遗漏。在业务人员走业务中发现无法处理的问题，及时通过自己的摸索，对业务人员进行细致讲解，说明和查找问题所在，并将所产生的问题及时反馈给其他业务人员，以便其他业务人员不再发生类似问题。陈强同志于 2013 年参与省公司组织的《国网公司营销信息化系统实用化评价标准》编制工作，为营销系统应用制定了标准作业模式，对实现统一的规范用电管理贡献了一份力量。

脚踏实地，创效增益

自 2014 年稽查系统上线以来，陈强同志积极参加省公司对我们的培训，并组织人员开展潢川供电公司营销稽查工作，对稽查平台中查出的问题进行认真分析，并组织人员开展现场核查、专项稽查，对查找的问题及时发现、及时处理。用电信息采集系统上线后，他负责监控“三率一损”指标，承担公司综合评价营销指标的监控。2021 年紧紧围绕 10 千伏、400 伏线损和同期线损排名提升工作目标，创新开展每个供电所两个高负损异常台区治理工作，对各单位异常台区建立数据库，从台区选派到周评价、月总结，完成 1169 个台区的现场核查治理，有效做到“控制增量、消除存量”，在公司 2021 年 1 月份综合线损 6.93% 的基础上，逐月实现综合线损不断下降，11 月份单月综合线损率 4.77%，使公司年度综合线损率下降至 5.91%。对 10kV 单条线路理论线损值、线损率治理，加大同期线损的治理力度，做到重点用户重点监测，开展台区专项治理，10 千伏线路线损达标率 100%、同期线损优良率提升至 94.86%，采集成功率、采集覆盖率均居全市第一。

作为电力事业的基层工作者，陈强同志始终坚持自己的理想信念，思想上不忘初心，学习上精益求精，工作上脚踏实地，业务上刻苦钻研，严于律己，不断进取，努力做一名优秀的电力工作者和优秀的中共党员。

作者：杜薇

责任于肩护光明

——记国网罗山县供电公司铁铺中心供电所所长　岳群华

岳群华同志不断改进工作方法，创新工作思路，高标准完成上级部署的各项工作任务，得到领导和员工的充分认可，带领班组连续 3 年被公司评为优秀班组，个人也先后 8 次分别被国网信阳供电公司授予“青年岗位能手”“先进工作者”“先进个人”“月度之星”等多个称号。

致力学习，提升素质

作为一名基层供电所长，岳群华在工作之余，通过研读书籍，提高自己的思想素质和业务技能水平，积极参与各种学习培训活动，将工作作为学习的一部分，不断加强学习。提高业务技术水平和供电所管理水平。他熟知相关工作的法律法规、方法步骤、注意事项，事无巨细，做到成竹在胸并学以致用，细化工作流程，踏实认真融入。经常深入施工一线，身先士卒靠前指挥。

通过多年在一线的摸爬滚打，岳群华摸索出一条基层供电所营销管理的新路子。

加强管理，创新机制，抓细节，重实效

岳群华坚持“所长为主、副所长为辅”的管理模式。只有领头人真抓实干，才能确保“综合值班岗”落到实处，才能将这项工作真正运转起来。同时，他选择所内工作认真、态度积极、思想上进的三名同志作为综合值班岗成员，不仅保证了值班工作的连续性和稳定性，还能够形成强有力的核心管理团队，支撑整个中心所的运营。

岳群华有效应用采集同期线损管控，400V 线损率降至 3%。重抓抄、核、

收管理工作，每月电费按时结零。规范业扩报装工作，未发生超长超短工单，全年零差错。完善安全管控制度，未发生安全事故。超额完成公司制定的考核指标。成功依托集约管控平台，实现了以“安全风险、应急指挥、营销服务”为核心的全景管控。综合值班岗成员在值班期间负责监控所有业务指标、人员抢修和主动运维等工作，将台区线损、表计采集、失压失流、重过载台区等异常情况，进行采集、分析和处理，形成日常监控的直观看板，为所里的日常派工提供全面、精准的数据支持，监督完成做到闭环管控，并对完成效果进行评价。

优质服务，融入枝节，识大体，暖人心

岳群华针对偏远山区留守老幼客户用电需求的特殊性，延伸服务至用户的一盏灯，同时加强线路设备主动巡视运维，提高供电可靠性，故障率下降50%，工单较上年下降60%。

要求值班人员在系统派发工单的基础上，加入供电所日常任务安排，形成班组员工任务池。每日工作、异常数据在集约管控平台中形成工单，按网格划分进行派发，将工作任务直接对应到工作人员的“豫电助手”App。所有业务工作的反馈也可以通过现场拍照、电子录入等方式操作，省去传统纸质资料登记后再录入电脑的过程，有助于工作的快速响应和量化工作。

注重行风，以外促内，多沟通，重实际

以数字化赋能工程为载体，聚焦赋能、减负、创新、提效。在数字化应用上线之初，岳群华带领铁铺中心所大力推广学习使用数字化工具和平台，从根本上解决了多系统操作频繁、日常报表统计困难等问题，系统操作工作效率提升了近一倍。此外，通过应用流程机器人(RPA)，分析解决线路失压、失流、断相、超容、流变越限等问题。结合相关数据，岳群华按照“一线一策、一台一案”制订任务清单，从档案整治、采集计量、设备改造等方面推进技术降损，实现对异常清单数据的“精准把脉、对症下药”。

坚持客户走访，掌握客户用电需求，促进电网设备提升。2023年供电所

综合评价 4 次进入全省前 50 名，市公司平均排名第 2，多次受市公司通报表扬。

现在，岳群华同志和他的同事们正继续着新一年的工作，责任于肩，守护着包括铁铺在内的南部山大片小山村的光明，力争和全所人员一道把所里新一年的工作搞得更好。

作者：项秋菊

微光如炬　凡人不凡

——记国网固始县供电公司营销部信息管理专责　郭兴武

从燕语莺啼的初春到荷香沁脾的夏日，从霜天红叶的暮秋到漫天飞雪的凛冬。9800 多个日夜，对于固始县供电公司营销部信息管理专责郭兴武来说，是 27 年如一日的热爱和奉献。

“我志愿加入中国共产党，拥护党的纲领……”2022 年 7 月，在固始县供电公司党建部组织的重温入党誓词活动中，郭兴武又一次在党旗下举起右拳，满怀深情地宣誓，53 岁的他眼里闪着泪光，心潮依旧澎湃，热血依旧沸腾。

从 1994 年告别绿色军营，到 1996 年进入国网固始县供电公司工作，再到 2007 年走上营销管理岗位，郭兴武褪去的是军装，褪不去的是军人的坚定和毅力、责任和担当。工作之初，他对营销应用系统一窍不通，为了尽快掌握系统操作，他白天处理日常事务，夜晚“啃”操作手册，每天上班来得最早，回去得最晚，翻开厚厚的工作笔记，里面密密麻麻地记录着他攻坚克难的“实战笔记”，短短两个月，他“无师自通，自学成才”，熟练掌握了营销系统的各个板块操作，实现了“门外汉”到“内行人”的转变。同事们笑话他“起得比鸡早，睡得比狗晚，干得比牛多”。他对此并不在意，带着对工作的执着和坚定，继续着业务的钻研。“郭兴武工作起来就像‘愚公’，家里不管发生什么事，他总是先把工作上的事忙完了再说。”同事卢丽萍这样评价道。鱼和熊掌不可兼得，他在顾及公司“大家”的同时却忽视了自己的“小家”。儿子整个小学阶段，他没有一次按时接送过，每到放学，空空如也的校门口儿子常常一站就是一个小时。

“我和许多人一样只是个普通人，做不了什么轰轰烈烈的事，我是党员，也是退役军人，干好工作对得起入党时的初心。”郭兴武，勇挑工作重担，背负家庭希望，始终把对党的忠诚、对事业的追求作为人生信条，在平凡的岗位上坚守、奉献，在郭兴武的办公桌旁边，有一个布满灰尘的不起眼柜子，再三坚持下，他不情愿地打开了柜子，鲜红的证书、绶带映入眼帘。面对一张张印有“十佳员工”“优秀共产党员”“先进工作者”的证书、绶带，他像个“姑娘”一样满脸红晕，神态拘谨。

营销工作纷繁复杂，涵盖了业扩报装、计量采集、线损分析等多项业务。郭兴武负责的营销软件系统集业务应用、集约管控、指挥平台三大系统于一身，涵盖了营销所有业务，日常的数据采集、异常数据分析、指标监控预警全靠他一人。

他在业务方面的能力，从大家对他的叫法中可以窥见一斑。同事叫他“郭百度”，领导叫他“郭管家”，后辈叫他“郭老师”。随着“智慧电力”的纵向延伸，营销业务系统更加“智能”，上手难度进一步加大，基层供电所的营销员短期内“消化不良”。郭兴武成了同事们身边的移动“百度”，遇到问题都来找他，他不厌其烦地一一解答，有的时候小小的办公桌竟然围了十多个人，他像个乐团的鼓手，坐在大家中间，对着电脑这边“敲”，那边“点”。

营销工作对外服务客户，维护群众利益，对内降损增效，保障企业效益。郭兴武深知营销工作的内涵，工作从全局的角度出发，做群众的“贴心人”、企业的“护航者”。

2021 年，固始县草庙镇中心供电所创建省公司“五星级供电所”，这本不是他的工作范畴，但他提前到所里提供协助，带头完善营销业务资料，主动承担起供电所营销系统的数据维护工作，主动变革、创新机制、升级装备，实现减负放权，提升主动服务能力，为供电所通过专家组验收奠定了坚实基础。“星级供电所创建不是面子工程，是对供电所各项工作的提升，最终受益的是居民客户，值得我们用心去做”。郭兴武立说立行，先后参与“星级供电所”“区域性供电所”的创建工作。在护航公司经营发展过程中，他对营销数据把控严格，精于分析。2022 年 9 月，他在对用电信息进行筛查过程中发现，固始县陈集镇一家石料厂用电数据异常。他抓起安全帽，带上工具直奔现场，经过缜密的调查，发现该厂故意隐瞒用电性质，“两部制电价执行异常”，属于“违约用电”，当即追补电费 9 万元。仅 2022 年一年，在他的一双“慧眼”下，查出对外转供电、违约用电事件 74 起，为企业挽回经济损失 88.23 万元。

“他有着‘郭达’一样的外表，‘郭靖’一样的憨厚性格，‘郭德纲’一样的敬业品质，是企业的‘宝’，是同事的‘光’。”看着电脑旁忙碌的郭兴武，国网固始县供电公司营销部主任王立军这样总结道。

微光虽微，但可点燃火种，火种汇聚，终呈烈焰之势。郭兴武，是国网固始县供电公司的一颗普通的“螺丝钉”，牢牢紧固着企业的经营根基，也是凡人堆里的一束微光，用敬业担当、无私奉献的精神默默感染着身边的同事。

作者：张杰

平凡岗位上的“创新达人”

——记国网濮阳供电公司输电运检中心五级职员　盛从兵

盛从兵，中共党员，输电运检中心五级职员，高级工程师，高级技师，国网公司技能专家，国家电网公司职工代表，河南省工会十六大代表和中国工会十八大代表，国网濮阳供电公司“1+4”劳模工作室负责人，国网河南省电力公司输电线路智能巡检新技术应用实验室主任。荣获河南省劳动模范、中原大工匠和国网公司劳动模范称号。积极响应国网公司重要时期电网保供电任务，先后参加 2008 年湖南抗冰抢险、2009 年新中国成立 60 周年阅兵式保电和 2019 年湖北武汉世界军运会保电等工作。

技术创新的有心人

从事工作 33 年来，盛从兵熟练掌握了 110 千伏—220 千伏输电线路运维、技改、大修、带电作业和无人机巡检技术，解决各类设备疑难杂症 770 多条次，参与 120 多次大修技改，徒步巡视线路 4 万余公里。当选河南省电力公司输电专业专家组成员，河南省电力公司技能专家和国家电网公司技能专家。在省内率先开展固定翼无人机与多旋翼无人机相结合、多专业融合的网格化智能巡检新模式，实现濮阳电网无人机智能巡检全覆盖，累计安全飞行 21200 多公里；配合河南省电力系统无人机自主巡检平台建设，提供 4 项软著专利 App 和设备缺陷图片 42 万余张，逐步建立“固定翼无人机 + 旋翼无人机 + 人工”立体协同巡检智能管控机制，各项考核指标位列全省前列。多年来持续开展技术攻关，累计为企业节约各类经费 6700 万余元，先后获得全国优秀 QC 成果 6 项，省部级科技成果 23 项，国家发明专利 65 项，另有 50 余项科技成果获得上级表彰，参与编写了 22 项专业管理制度，发表论文 21 篇。

工作室的领头雁

盛从兵现任国网濮阳供电公司“1+4”劳模工作室负责人和国网河南省电力公司输电线路智能巡检新技术应用实验室主任。组建了一支由技术骨干组成的创新团队，搭建了劳模讲堂、技术沙龙、科技攻关等常态化技术交流平台。吸纳17名省级以上劳模和100多名技术骨干组成管理与技术创新团队，发挥劳模和工匠技能优势，实行“双导师带徒”，结对120对，助力青年职工岗位成才。培训人员2120人次，选育技术骨干37人，完成科技项目27项，获得发明专利168项，出版书籍11部，发表论文122篇。在研科技项目2项，预研科技项目1项。荣获“河南省示范性劳模工作室”“国家电网公司示范性劳模工作室”和“全国工人先锋号”荣誉称号。多次接受中国能源化学地质工会、河南省总工会和濮阳市总工会的检查和指导，获得各级领导的好评和认可。

班组建设的排头兵

盛从兵在输电运检中心内部开展达标班组和职工小家创建，积极营建和谐班组，逐步提高班组管理水平。通过小家建设活动创造沟通平台，促进一线班组成员在工作中的团结协调，充分调动和发挥广大职工的积极性和创造性。同时建立健全了配套的多项管理制度和考核标准，将各项指标细化分解到人，将考核监督纳入月度奖金，从而形成长期有效的管理机制，多个班组荣获“国家电网公司达标班组”“河南省电力公司五小发明先进集体”“全国电力行业优秀质量管理小组”和“全国质量信得过班组”等光荣称号。

安全生产的守门员

盛从兵在班组内部推行分层、分级管理，按照岗位分担安全生产责任；签订线路承包责任书，将线路逐条逐段分配到人；实行风险抵押金制度，切实做到利益共享，责任同担。针对城市建设对高压线路的影响，编制了隐患巡视路线图，对重要隐患区段进行全方位监控，在重要时段进行特巡、蹲守、夜巡，确保线路安全运行。全年累计消除各类缺陷1356条，清理树木116210棵。所辖线路一类设备率99.5%，设备完好率100%，缺陷消除率99.8%，截至2024年6月30日，所在部门——输电运检中心连续安全生产8386天。

作者：刘英

青春不息，奋斗不止

——记国网濮阳供电公司变电检修中心保护一班班长　衡壮壮

从事继电保护工作 11 年的他，守护着电网的“中枢神经”。他是不为人知的“背后英雄”，是不穿白大褂的“电力外科医生”。他用青春筑牢了电网防线，用技术创新传承着继电保护工作的未来。

脚踏实地，甘做实干“螺丝钉”

2013 年，刚参加工作没多久的衡壮壮便跟随着师傅来到 220kV 岳村站综自改造的施工现场，从一次设备到二次设备，从电气安装到保护调试，都得他们自己上手干。技术小白的他跟着师傅放电缆、剥电缆、抬屏柜、二次接线……“虽然那时候充满汗水和艰辛，但我收获很多，每天都过得很充实。”衡壮壮回忆地说。师傅高超的技术水平给他的前行之路立下了标杆、指明了方向，更加坚定了他“仰望星空，脚踏实地”的信念和决心。

正式定岗后，为了尽快掌握继电保护的精髓，他常常挑灯夜读图纸及说明书，主动参加了众多新建、扩建、技改工程，不断提升自己的技术能力。“他像个陀螺一样不停歇、不停转”，当时的同事都这么形容他。由于工作的特殊性，他习惯了“白加黑，5+2”的工作模式，养成了手机全天开机保证随叫随到的工作习惯，兢兢业业、踏实肯干的精神淬炼出他扎实的技术功底。

四季如一，电网防线的“守护人”

随着工作年限的增加，他对“责任”的理解也越来越深。“万无一失，一失万无”是对这个专业最精准的表述。他十一年如一日地做好本职工作，参与千余次变电站继电保护装置及其智能组件的调试校验工作，是班组公认的继电保护调试高手。对于半夜消缺、鏖战风雪、零点投运、解决不了的技术难题，衡壮壮总会主动请缨。担任班长期间，牵头完成了 20 余项基建、技改工程；开展了 200 余次夜间抢修；对 37 座变电站开展二次设备深度隐患排查专项工作，建立缺陷隐患库并制定处理方案，发现并处理缺陷 465 项；圆满完成节假日、中高考等各类保电任务，连续多年实现保护正确动作率 100% 的工作目标。他用日日夜夜的坚守、反反复复地探究锤炼出百折不挠之躯，守护着濮阳 37 座变电站的安全。

逆风而上，勇当保护“顶梁柱”

2021 年 7 月下旬，河南遭遇罕见暴雨引发的洪涝灾害，安阳市域变电站受损严重。衡壮壮第一时间主动请缨，逆水而上奔赴汤阴县 220kV 鼎盛变电站驰援安阳防汛保电抢修工作。暴雨退去的鼎盛变电站返潮严重，满地泥泞，他和同事们克服了高温“烤”验、蚊虫叮咬、身体不适等情况，始终坚守在救援一线。为了尽快恢复供电，与时间赛跑和困难抗争，他在参与救援的几天时间里，每天持续工作十几个小时，积极协调队员，使保护装置的更换调试工作有条不紊地向前推进，发现并消除了十余项设备故障，顺利完成了全站设备投运送电。他迎难而上、冲锋在前的精神，在体力和精力都超负荷运转的救援工作中得到了充分展示。

还记得 2022 年底疫情最严重的时候，220 千伏岳村变电站刀闸更换集中检修正值施工阶段，班组多名人员确诊感染，班组在岗人员减员严重，为确保设备如期投运，身为中共党员的他选择坚守岗位，发挥党员带头模范作用，每天工作超过 12 个小时，克服现场问题不断、协调不停、户外低温、疫情等不利条件，连续工作十余天，完成了电缆敷设、二次接线、刀闸调试、遥信核对等各项工作，最终如期完成 220kV 岳村刀闸及端子箱更换工作。而这正是他日常工作的缩影。

锐意创新，吹响保护“先锋号”

勇于创新，“小点子”凝聚成“大智慧”。长期的一线实践，磨砺出衡壮壮精湛的技艺，他立足自身岗位，以经验丰富的骨干员工为班底，结合工作中存在的难点和痛点，带领班组成员进行岗位攻关，积极探索新技术、新方法，研制出“智能站多功能光纤转换盒”“变电站对点仿真装置”等多项创新成果，极大提高了日常工作效率，有力护航了公司安全生产大局。近两年，他带领班组发表的 QC 成果连续获得国网濮阳供电公司 QC 成果一等奖、河南省质协二等奖等多项荣誉。

薪火相传，青年员工“引路人”

工匠精神不仅在于发扬，更在于传承。衡壮壮传承师傅“传帮带”的优良传统，为了使青年员工尽快成长，主动申请参加变电检修中心开展的“师带徒”活动，与青年员工签订师徒协议。他深度参与公司继电保护实训室建设，积极开展各类技术练兵活动，利用夏训、冬训时间，先后组织 30 余次班组“微讲堂”，将自己的“绝招”“绝技”“绝活”倾囊相授，使青年员工的理论知识和专业技能水平得到双提升。一花独放不是春，百花齐放春满园。他培养出的徒弟先后获得市“五一”劳动奖章、技术能手等多项荣誉。

十一年岁月如梭，十一年艰苦攀登，人生勇迈，必将砥砺成才。衡壮壮在继电保护这个岗位上一干就是 11 年，从一名实习生成长为一班之长。如今他身上担负着班组所辖 37 个变电站的千余台设备的健康，担负着班组 13 名有为青年的成长，担负着传承历任老班长留下来的优秀传统和开拓创新发展前行的光荣使命。他用持之以恒的坚守和精益求精的追求诠释着平凡岗位上的工匠精神，他以高度的工作责任心、精湛的继电保护专业技能兑现了对工作的热情，对生命的礼赞，用智慧和汗水默默守护着濮阳电网安全稳定运行。

作者：张中宽

让未来的你去感激现在拼搏的自己

——记国网濮阳供电公司计量中心检验检测二班班长　李广虎

李广虎就是这里普通的一员，2015年，不到30岁的他，被评为河南省电力公司劳动模范。成长的路上，他也有很多感触。下面我给大家分享他的成长故事。

刚走进李广虎所在的班组，他正在埋头写一些东西，李广虎抬头向笔者说道："这是6月18日，220千伏公艺站投运，在电能表带负荷检查时，发现相电压异常，我要及时把异常现象、原因和处理的过程记下来。"通过进一步了解，笔者才知道这可是他的"宝贝"，一本厚厚的笔记本记录了他从参加工作到现在的所学、所感、所悟。笔者简单翻看了一下，前面的很多页已经被翻动得泛黄，每页都是密密麻麻，有图、有公式，有的是他对问题的理解。李广虎说："现在看看刚参加工作时记的问题，感觉有点可笑，明明很简单的问题，可当时就是不理解。但是如果没有一开始一点一滴的积累，我现在可能还是零。"第一次和他接触，通过一件小事，笔者感觉到，他是一个很用心的人，工作中需要总结的东西很多，只有做个有心人，才能收获很多。

2014年5月4日，"五一"假期刚刚结束，李广虎就接到通知，由他任组长和濮阳公司其他5名职工组成参赛队伍，参加省公司电能计量及装表接电专业技能竞赛。

封闭培训的日子毕竟是枯燥无味的，几天过去了，大家伙的心劲儿似乎也渐渐平复了，每天从宿舍到食堂，两点一线，睁眼闭眼都是书本，面对最多的就是厚厚的演草纸和一堵白墙，没有其他的活动和锻炼。一个星期对于他们来说已是漫长，何况面对的是更漫长的备考。给他们带来更大压力的是，学习效率的下降，每个人都有种身心疲惫的感觉。

"我感到很欣慰的是大家始终没有一个人说过放弃，并且采取了一些积极的措施尝试着改变。学习效果不好，我就和大家改变学习方法：出题考试，每天做一套题；每天抽出一个小时的固定时间，让大家相互提问，交流好的学习方法。”李广虎饶有兴趣地说。

一点小的改变收获了不错的效果，参赛队员又渐渐找回了最初的自信和斗志，学习效果也有了突飞猛进的提升，更重要的是把原来的各自为营，变成了团结协作。李广虎告诉笔者说，“在困境中不言放弃、想方设法改变现状，这是参加这次竞赛收获最大和感受最深的一点。”

在练习实际操作的时间里，他放弃了午休，吃饭在食堂简单应付，早上第一个来，下午最后一个离开。通过几天的实际操作练习，速度由最开始90分钟完不成操作，到最后40分钟之内高质量完成。由于高强度的练习，他每天早上醒来手都是又胀又疼，“早上手都握不紧，早餐拿住筷子都费劲。”李广虎笑着说。

比赛临近，每个队员的压力都很大，端午节，公司决定给大家放一天假，趁节日给大家一个与家人团聚的机会。但是，他毫不犹豫地作出了选择：留下来，做最后的冲刺。李广虎深有感触地说，“每天中午回到宿舍，都会给家里打一个电话，父母年迈，爱人工作忙，还要照看五个月大的宝宝，很辛苦，这也是我最放心不下的事情，一个电话听听宝宝牙牙学语的声音，是给自己一个安慰，也是缓解压力的好办法。”

付出总会有回报，一个月的辛苦备战，收获了可喜的成绩。在最后的竞赛中，他带领参赛队员不畏强敌，沉着应战，最终取得团体二等奖的成绩。而他也通过积极备战、刻苦钻研，取得了互感器专业第一名的优异成绩。为濮阳公司拼得了荣誉，也赢得了省公司和其他兄弟单位的一致认可和好评。

通过班组成员，笔者还了解到，李广虎是班组里的创新达人，利用废旧软铜线制作成电流封插，利用标号头制作成电压绝缘套头，在带负荷更换电能表时起到了很大的作用。看到施工作业人员在剥电缆绝缘时，刀子划破了衣服和手掌，他发明了电缆剥线器，还获得了国家专利。

在同事眼里，他是一个勤奋、朴实的人。在笔者眼中，他是一个积极向上、努力拼搏的人，是一个坚持把每项工作做好、做实、做精的人，他是我们年轻人的榜样。

作者：雷洁雅

用拼搏奉献谱写电力职工之歌

——记国网濮阳供电公司东城供电部主任　赵宏伟

如果我是一滴水，就要滋润一寸土地；如果我是一缕阳光，就要驱赶黑暗带来光明；如果我是一颗螺丝钉，我就要成为一颗永不变形的螺丝钉，坚守在自己的岗位，日夜倾听着机器的嗡鸣。赵宏伟，濮阳供电公司东城供电部主任，29年来，从调度走向电费，由电费走到一线供电部，他忠于职守、一丝不苟、默默无闻、甘于奉献，2024年荣获河南省电力公司劳动模范荣誉称号。

线损精益化管理，百强供电所屡创佳绩。赵宏伟刚来到东城供电部的时候，了解东城供电部线损实际情况后发现，东城供电部实际线损基础较好，但理论线损存在偏差问题，未能达到“百强供电所”的要求。他明白计量线损工作关系着公司的效益水平，是极为重要的指标业务，2023年3月，他牵头组织了成立“东城供电部百强供电所攻坚小组”，同分管线损副主任、专责、班组技术骨干等多名员工一起凭借严谨认真、一丝不苟的工作态度，事无巨细、事必躬亲的工作方式从关键指标得分入手逐条分析指标现状、制定提升措施，确立了“日监测、周通报、月考核”过程管控机制、问题解决和指导分析机制，每日同计量线损专责反复监测线损指标情况，形成了专业协同、治理高效、成果巩固的线损管理格局。2023年度，东城供电部5个月11个班次获得国网同期线损“百强供电所”称号，其中9月份4个班组同时荣获国网公司同期线损管理“百强供电所”称号。这些荣誉背后是他和无数一线班组人员日夜奋战的结果，为濮阳精益化线损管理争先进位目标贡献了“东城力量”。

做好优质服务，一切为人民服务。2023年11月，在东城供电部辖区内一处商场专变台区，其中有23户商户从该商场专变用电，可商场突然停业无法再为这23户商户供电，商户们找到东城供电部东城一班进行用电报装申请，但该地点无公用变压器。赵宏伟在得知此事后，积极汇报配网部，并与商户代表、社区负责人多次会面沟通，最终经协调在该地点新增了一台 500kVA 箱式变压器，解决了这 23 户商户的用电问题，得到了商户们的一致好评。在商户们自发为东城供电部送来“积极服务，为民解忧”的锦旗时，他说：“群众事无小事，就算只有一户商户，这个电也要让他用上。”

身先士卒，主动值守在一线岗位。在工作中，赵宏伟总是严格要求自己主动担当，坚守在工作现场。2024 年 7 月的一天零点时分，喧嚣的城市归于平静，居民已安然入梦，但添运小区建工北区“零点服务”现场却灯火通明，赵宏伟正在和东城供电部班组人员一起紧张有序地对客户侧三相不平衡问题进行消缺工作。为避免白天消缺对客户带来的用电影响，他特意嘱咐班组人员采用“零点服务”的方式，对近期特巡工作中发现的系列设备问题进行及时处理，确保电网设备以最佳状态进入到迎峰度夏大负荷时期。凌晨时分进行消缺工作安全压力大，他放心不下，于是来到了现场进行现场安全监督。事后他说道：“零点服务虽然辛苦，但是零点服务可以最大限度保障居民生产生活正常用电，减少对居民的影响，我们苦点累点也是值得的。”他一直以自己身先士卒的行为品德影响着周围的人和事。

人民电业为人民，这句话仿佛深深地烙印在赵宏伟的身上。为了用户的安心用电，为了公司的争先进位，平凡的他在自己的工作岗位上，踏踏实实、严谨细致，一步一个脚印，无怨无悔地奉献着自己的力量。近 30 年光阴岁月，强烈的责任感早已根植于他的心田，他用无数汗水书写下“人民电业为人民”的坚定誓言。

作者：夏九龙

变电设备的“巾帼卫士”

——记国网周口供电公司变电运维中心优秀专家　陈茜

“精益求精、专注专一、创新进取，是一名专家应该具备的品格。”陈茜说。工作二十余载，她持之以恒地守护着变电设备的安全运行，把脉问诊、精益化评价，汗水和足迹遍布周口市县 105 座变电站，运维铁军的坚守和担当在她身上体现得淋漓尽致，她就是周口供电公司变电运维中心优秀专家，陈茜。

一路走来，她精益求精，如一名“全科医生”掌握设备的运行状态；她专注专一，以“线上 + 线下”方式开展培训，致力于青工成长；她创新进取，助力运维工作提质增效；她载誉而行，先后被评为国网周口供电公司劳动模范、国网河南省电力公司巾帼建功标兵、国网周口供电公司电网工匠、国网河南省电力公司电网工匠。她凭着孜孜不倦的工作热情和不懈努力，不断践行着“人民电业为人民”的企业宗旨。

把脉问诊，甘为变电设备“医护员”

“只有走进现场、走进设备，才能发现、解决问题。”陈茜说。2023 年间，为强力推进班组建设，她精心修订《变电运维精益化评价细则》，组织市县公司专家技术人员，对 2 个市区运维班、9 个一体化运维班、10 个县公司 35 千伏运维班开展评价工作。每到一个班组，都会以抽丝剥茧般的方式检查指导，为各运维班找出薄弱之处，开出进步提升的“良方”，她说：“只有班组整体实力提升了，市县同质化水平才能持续提高。”

2024 年初的雨雪冰冻过后，她组织专业团队对市县 35 千伏及以上变电站开展“逐站问诊”工作，在每一座变电站内，她仔细检查设备的方方面面，如“端子箱内端子排存在锈蚀情况”“1 号主变油枕下方有个鸟窝”等，迎峰度夏前、迎峰度冬前、汛期前、重要保电前，她总是提前谋划、提前行动、奔走一线，共发现问题 3100 余条，销号闭环整改 2900 条，确保设备的安全稳定运行。

为了更好地掌握一线员工的工作状态，她经常下站跟班，参与设备巡视、维护、操作、验收、投运、培训等日常工作，她的足迹遍布周口市县的变电站，她用心守护着“电网心脏”，用双手记录着每个设备的运行状态，缺陷及隐患都逃不过她的火眼金睛，她是个技术精湛的变电站“主刀医师”。

实践创新，勇当提质增效践行者

“创新灵感来源于一线，创新成果应用于一线，并创造价值。”这是陈茜对创新工作的理解。2021 年的一天，她发现变电站内的强排装置存在需要人工启动、水位监测灵敏度不高、排水效率低等问题。于是她潜心钻研，成立创新小组，经过多次试验改进，研发出一种远程控制智能排水装置，有效解决了站内积水难以排出的难题，确保汛期站内设备的安全运行，该成果获得了河南省电力公司 QC 创新二等奖、全国电力行业质量管理小组二等奖，这只是陈茜众多发明创新中的一个缩影。

近年来，她本着“以创新助力提质增效”的理念，带领创新小组积极开展班组群众创新和 QC 活动，“变电运维智能化维护操作管理与应用”获省公司群众创新三等奖，“10 千伏高压开关柜自动验电核相装置的研制”获省质协一等奖，“35kV 手车防倾倒辅助装置”等 20 多项 QC 成果获市公司、省公司奖项，发表专业论文 26 篇，专利 10 项，为公司带来显著的经济与社会效益。

淬羽砺剑，做好员工成才引路人

“年轻人应该是拿的出、用得上的运维主力军。”说起对年轻人的期望，陈茜总是这样说。为了实现这一目标，她组织举办全科医生培训、核心技能培训等，以“线上 + 线下”“课堂 + 现场”的形式，敦促员工快速成长，打造变电运维专业队伍。

2021 年 11 月，公司提出了“四个一”培训方针，她马上制定了运维专业的“四个一”培训活动方案，通过“学、训、练、考”的方式，持续对运维人

“充电、加餐”，连续每日打卡 820 余天；针对专业技能、安全技能、触电急救等知识，以“现场 + 实操”的方式开展全方位培训，截至目前，共计开展培训 5500 余人次，“通过培训，能够让运维人员的专业素养和技能水平得到提高，我的目的也就达到了。”简单的话语透露出她对培训工作的孜孜追求。

三年疫情期间，她从未停下培训工作的脚步，通过“空中课堂”的形式开展线上培训；为让新入职员工快速融入工作、掌握运维技能，她经常召开座谈会并组织培训，定期答疑解惑；在国网公司 2023 年变电运维青年骨干员工技能轮训期间，在她的细致指导下，参训青年员工被评为“优秀学员”，公司也取得了优秀学员零的突破。

知不足而奋进，望远山而前行。从一个变电站值班员到优秀专家，需要的是日日夜夜工作的积累和专业知识的沉淀，指引她不断前行的是对“工匠精神”的不懈追求。“立足岗位，精益运维”是她对自己专业的承诺；“躬身力行保供电，务实垂范守安全”是她对事业的追求。展望未来，她始终坚信：女子也有凌云志，巾帼何曾输须眉。

作者：王红雨

脚踏实地干实事，守护电网葆初心

——记国网郸城县供电公司运维检修部主任　刘博

“不管是在哪个工作岗位上，都始终要把心思用在干实事上，把精力放在抓落实上，把功夫下在见成效上。”自2008年参加工作，16年来，刘博始终保持着对工作的热情和不懈努力，以强烈的责任心、扎实的工作态度从一名变电站值班员到110千伏集控站站长，再到成为公司中层管理人员和部门负责人，一步一个脚印，累积了丰富的管理经验、工作经验及相关业务知识，2022年被评为市公司先进工作者，2023年被评为省公司先进个人。

面对新形势的考验和挑战，刘博积极钻研业务技术理论，一直致力于电网设备运检管理工作创新及施工检修工器用具改进创新，先后在10千伏线路频繁停电治理、多功能安全帽研制、多功能接地线改进、防水盖板创新、变压器雾化系统使用、电力安全防护标牌创新等方面取得了部分创新成果。以其牵头的创新工作室成为周口电力创新工作室联盟成员，作为工作室领头人，发表核心期刊论文3篇、取得新型发明及实用新型专利两项，先后发布了“多场景使用接地线挂头技术提升”“降低配变低电压课题”等创新成果，为电网设备精益运维提供了技术支撑。其中“多功能施工记录安全帽的技术研究”成果，荣获周口供电公司2019年度群众创新成果奖“一等奖”。

在工作中，刘博时刻坚守“时时放心不下”的责任感，为确保设备安全可靠运行，搞好安全管理工作，他经常以站为家。在变电站工作期间，哪里需要，他总能第一时间出现在现场，认真研究制定方案，严格审核操作票、工作票，确保了十年变电运行专业经历期间操作零失误。自工作以来，参与零点工程消缺百余次，在设备运维工作岗位，日夜连续的不眠不休对他已成为工作常态，在他的带领下，郸城公司设备运维专业持续保持了设备、人员、电网的长周期安全运行。

2023年的夏天格外炎热，天气长期持续在37摄氏度以上的高温，夏季高峰电力保供成为公司面临的首要任务，公司计划实施主配网度夏工程11项，工程项目数量多、建设施工难度大，完工投运日期紧……众多难题摆在面前，设备运维管理工作面临巨大挑战。为确保工程如期推进，刘博不顾高温酷暑，长期坚守一线，配合设计、施工单位同进同出，超前谋划、提前介入，及时提出合理化建议，在“朝五晚九”的加班加点中，11项度夏工程顺利如期完工，确保了在度夏期间公司主配网重过载设备数量同比下降了69%，为公司电网高质量发展提供了有力支撑。

随着人民生活水平的日益提高，乡镇地区的用电供需矛盾日渐突出，低电压问题成了老百姓最大的用电困扰，当地居民经常打电话反映电不够用、电压低等供电质量问题。为破解这些难题，刘博积极作为，主动出击，统筹资源，多渠道排查出县域内882个全量低电压问题台区，并全覆盖建立问题台账，多措并举实行动态销号管理，切实解决了涉及群众切身利益的“急难愁盼”问题382项，努力让人民群众用上“满意电”、用好“放心电”。

行至半山不止步，船到中流当奋楫。多年来，刘博的兢兢业业、无私奉献，也得到了公司领导和干部职工的认可和肯定。从生产一线走来，他留下的是一串串踏实的足迹，他用自己16年的青春为公司贡献了不歇的能量，面对未来，他仍以饱满的热情、昂扬的斗志立志为电网事业持续奋斗。

作者：郭瑞保

在输电运检一线展现青春价值

——记国网周口供电公司输电运检中心五级职员　李浩然

“作为公司的一名青年员工，我始终保持着认真学习的态度，努力钻研专业知识，做到了‘干一行、爱一行、专一行’。”李浩然说。作为周口供电公司输电运检中心五级职员，自2013年参加工作以来，他先后就职于国网周口供电公司供电服务指挥中心、输电运检中心等部门，始终以工作需求为目标，不断提升自身综合素质，增强自身战斗力和创新创造力，严于律己，竭诚奉献，辛勤工作，出色地完成自己的本职工作，逐步实现个人业务能力和思维方式的双提升。

提升全员安全意识，保障主网输电设备可靠运行

履职以来，李浩然认真履行岗位职责，坚决执行上级决策部署，严格落实公司“十六字”工作主线，扎实开展“四个一”“六个一”安全活动，不间断开展反违章案例分析、应急演练和技能考核等各方面培训，累计培训超90人次。同时对“现场勘察记录”“危险点分析”“四措一案”等安全技术过筛式培训累计100余次，全面提升了员工业务能力。此外，坚定树立了“三不违”思想，促使员工吸取事故教训，提升安全意识。

把安全知识培训和安全技能培训与实际工作相结合，不断提升全员安全意识和业务技能水平，一是常态化开展安规、规程、安全事故教育培训。常态化应用“四个一”安全培训活动不间断学习输电规程规定，练强基本功。二是努力教育员工“不敢违”，充分发挥安全督查分中心作用，深入开展反违章，规范现场作业行为，确保作业现场安全可控，积极营造领导干部带头抓、管理人员深入抓、监督人员专职抓的高压态势。三是持续开展安全技能培训，真正使员

工“有能力不违章”，特别是对专责、班长、工作负责人等关键岗位开展现场勘查、危险点分析、四措一案编制等关键安全技能培训，并在工区例会上逐个进行提问，直至关键人员全面具备相关安全技能和专业技能，使得关键人员真正做到有能力不违章，并且在进行远程和现场安全监督时有能力查出现场违章。

利用无人机等高科技产品助力输电线路安全运行

李浩然利用无人机科技手段优势，制定并组织“无人机+”的工作模式，使各班组的日常工作效率有了很大的提高，并完成55条220千伏输电线路数字化建模，持续推进198条110千伏输电线路的数字化建模工作，不仅对公司的青年员工开展传帮带，还定期联合属地公司举办无人机培训，为周口供电公司所属各县供电公司的运检人员讲解无人机相关法律法规、安全飞行知识等。安装可视化监控装置1352台，采取“线下巡视+线上值班”方式对全市通道内116处施工点、线路重点隐患进行不间断巡视。建立完善的市县联动“二十分钟”反馈机制和考核体系，及时管控线路突发性隐患，将风险降到最低。

按照公司层级化管理要求，全面推行“六定”管理模式，将线路责任明确到人，充分发挥层级化管理优势，截至目前，共开展“六防”隐患治理行动189次。建立“红黄蓝”施工预警机制，动态跟踪问题线索处置进展情况，分类进行预警和督办，确保问题线索处置件件有着落，做到全过程闭环管控，同时保持本部门30多项技改、迁改工程上级督查严重违章“零查处”，助力公司首次实现220千伏及以上输电线路两年“零跳闸”。

积极开展创新创优工作，全面提升业务质效

通过近几年的工作经历，李浩然深谙团队协作的重要性，尤其是在线路工区工作期间，不论是日常线路巡检，还是专业技术研发、QC项目推进，都涉及到公司调控中心、设备部、营销部等多个部门。作为部分重点工作的专业负责人，必须要高效组织协调各方面力量，才能真正提升工作业务质效。在相关部门同事的大力支持配合下，在2015年至2023年，李浩然作为主要研究人员累计获QC一等奖4次、QC二等奖1次、QC三等奖2次；技术攻关方面，参

与组织管理实施大小检修89项，编制规程、四措一案、作业指导书、技术分析报告共72项，发表国家级期刊论文8篇，取得“220kV直线整串绝缘子更换”“输配电线路拉线制作台架”“研制导线异物摘除器”“研制多用途双砼杆叉梁补强装置”4项发明专利。

作者：赵向阳

纪检战线的“忠诚卫士”

——记国网扶沟县供电公司纪委办公室副主任 王高锋

王高锋，在纪检岗位坚守12年，凭着扎实的理论基础、坚定的政治信念和对工作的执着，书写了一名纪检干部的忠诚与担当。在问题线索办理过程中，他始终坚定政治立场，坚持组织原则，坚守纪律底线，圆满地完成各类问题线索的初核工作，多次被市、县公司评为先进个人。

在学习中实践，努力提升业务能力

作为纪检干部，王高锋认真学习业务知识，努力学懂弄通各类党规党纪，忠于职守、不畏艰难、任劳任怨，圆满完成各类交办工作，积累了丰富的理论知识，为案件线索办理打下了坚实的基础。2018年4月，省公司党委巡察期间，不仅全面完成巡察配合工作，还认真协助扶沟公司各专业部门完成省公司党委第四巡察组反馈问题整改销号工作，截至省公司巡察组离开周口前，扶沟公司的反馈问题全部整改销号。其间多次参与周口公司组织的巡察反馈问题线索调查核实工作，被周口公司评为配合巡察先进个人。

在实践中锻炼，业务素质进一步提高

由于业务能力强，2019年3月，王高锋被抽调参与周口公司党委巡检组，参与对10个县公司的巡检工作，负责巡检的前期组织和巡检期间与被巡检单位的协调组织及现场巡检决策管理专业的检查工作。他通过系统性学习“一条例四规则”等有关规定，针对被巡检单位的不同情况和对应存在的廉洁风险，制定了针对性强的现场巡检工作方案。现场巡检中，他认真负责、勤勤恳恳，查阅各类资料300余份，起草了巡检工作计划、巡检工作报告等各类文件材料，下发立行立改和问题线索清单 11 份，累计下发巡检整改周报 27 份，圆满完成了巡检工作任务，被周口公司评为先进个人。

在锻炼中成长，成为纪检战线“领头羊”

由于专业能力强，业务素质过硬，2020 年 5 月，王高锋被周口公司推荐，到周口市纪委第六监察检查室跟班学习。在周口市纪委第六监察检查室，他在原有知识基础上，努力学习案件办理和卷宗装订等专业线索核查相关知识，使专业能力和业务素质进一步提升。在省公司组织的 2020 年、2021 年卷宗评比中，他和各县公司纪检工作人员一起，加班加点在规定时间内完成了周口公司卷宗整理工作。国网巡视省公司期间，他还多次参与巡视反馈问题线索的案件办理工作。2021 年，他获得国网周口供电公司“优秀共产党员”称号。

2022 年 5 月，他主持扶沟公司纪委办公室工作以后，扶沟公司纪委办公室在周口公司全业务考核中，连续 17 个月取得第一名的好成绩。2023 年省公司党委巡察期间，他不仅全面完成扶沟公司的巡察配合工作，组织各部门准备各类迎巡资料 915 项，而且协助扶沟公司各专业部门完成省公司党委第一巡察组反馈问题整改销号工作，整改率居全市前列。巡察期间，他多次带组参与省公司巡察组反馈问题线索案件办理工作。2023 年，他被评为国网河南省电力公司先进个人。

作者：葛珊

配网线路上的“外科医生”

——记国网周口供电公司配电运检中心配网带电作业班副班长　马琨

马琨，男，39 岁，现担任国网周口供电公司配电运检中心带电作业班副班长。自参加工作以来，精益求精，十年如一日。从默默无闻的学徒逐步崭露头角，成为业务尖兵。先后被评为迎峰度夏先进个人、安全生产先进个人、安全生产标兵，获得市五一劳动奖章、省五一劳动奖章等荣誉。凭着对工作的热爱和不懈努力，马琨如蛹化蝶，美丽蜕变，闪耀着奋斗的光芒。

在这条征途上，他初心如磐，在错落交织的配网线路间，为光明世界点亮永不熄灭的明灯；他匠心独运，在平凡岗位上雕琢出璀璨的创新华章。

敢打敢拼：快速成长的“技术先锋”

2003 年，初入电力系统的马琨，怀着热忱之心，积极向业务技艺发起冲锋。为了深谙一技之长，他抓住每一刻休息时间，钻研高电压技术、带电作业等专业书籍；为了精益技艺，他磨破三双绝缘鞋攀登电杆，手掌血茧遍布；为了学到老师傅的看家本领，他软磨硬泡，把握每次实践机会。他主动承揽困难重任，迅速成为业务中坚，被委派担任配电抢修班正值。

不畏艰辛：勇挑重担的“刀尖英雄”

配电事故频发于恶劣天气，无论是白昼还是夜晚、工作日抑或节假日，马琨总是首先抵达现场，奋战在事故现场。他领导组织地区复杂的配电工程，消除了多起重大社会活动期间的停电风险。面对 2009 年“6・11”风灾、“11・11”冰灾、2013 年“6・3”大风冰雹等严峻考验，他带领团队连续奋战 7 天，每日仅睡 5 小时，以极快的速度将电力供应恢复正常，完成灾后抢修和重建工作。当被问及是否疲累时，他以朴实的笑容回答：“总得有人去做这些事情，一切都是为了大家的稳定用电。眺望万家灯火，所有辛苦和付出都值得。”

英勇顽强：冲锋在前的“拼命三郎”

在带电作业的严峻挑战下，马琨身披密不透风的绝缘服，手握厚重的绝缘手套，这是他的战斗铠甲，然而，铠甲虽能隔绝外界危险，却也带来极大不便。每次从带电作业车上下来，绝缘手套中的双手被汗水浸透发白，令人心疼。记得有一次，在强对流天气过后，电力设施受损严重，他与同事们迅速投入抢修工作。在抢修现场，他突然感到一阵眩晕，但仍咬牙坚持，接上高压线，最后因体力不支晕倒在维修车的作业斗内。同事们迅速将他抬下，喂他服下防暑药品。“现在想想，确实有些后怕。”马琨同志回忆道，“当时眼前几乎一片模糊，稍有疏忽，后果将不堪设想。”然而，正是这样的勇气和毅力，让他在面对危险时坚守岗位，守护着万家灯火。

开拓进取：善于创新的“创新能手”

在漫长的一线班组岁月中，马琨不断推动技术创新与工艺革新。多次在省市级 QC 创新竞赛中崭露头角，多项创新成果荣获省、市级奖项。他发明了悬式绝缘子绝缘杆托举装置、绝缘遮蔽罩快传架等 9 项实用新型专利，极大地提升了带电检修的作业效率，显著降低了 10kV 配网线路的线损率。《配电网带电作业及安全防范工作》等 3 篇学术论文在省部级期刊上发表，为配电网带电作业的安全防范工作提供了理论支持。他还编制了《配电带电作业标准化作业指导书》等多项行业规程，为配电网带电作业的标准化、规范化操作提供了有力支撑与保障。

言传身教：倾囊相授的“电力教师”

马琨将满腔热忱倾注于青工培养，配网带电人才培训班如雨后春笋般涌现，共计开办 12 期，累计培训人员达 610 人次。培养出 6 位配网不停电作业领域的杰出专家，常年受邀在河南省电力技能培训中心传授专业技能。连续五年担任中电联和省、市公司不停电作业竞赛的教练，不仅个人荣誉加冕，两次摘得桂冠，更是斩获团体第二、第三的辉煌战绩。2023 年，他被聘任为“周口电力工匠学院”带电作业专业负责人，继续为电力事业的发展贡献力量。谈及此，马琨感慨道：“目睹单位里的这些年轻人一天天茁壮成长，肩负起电力事业的重任，我倍感欣慰。他们将继续书写辉煌篇章，为未来的电力发展贡献自己的力量。”

初心不改：矢志不渝的“赤诚老兵”

在配电运检中心，马琨的足迹已深深烙印了 21 个春秋，他感叹：“昔日停电维修，电力如‘纸老虎’般温顺；如今带电作业，醒着的‘电老虎’随时可能咆哮。带电作业，是我们在线路间‘搭桥’，巧妙引流负荷，确保设备施工与线路检修带电完成，真正做到居民用电与作业并进，贯彻‘不停电就是最好的服务’的崇高理念。”回首过往，他心中充满感慨；展望未来，他满怀憧憬。他深情地说：“在平凡的岗位上，我取得了一些微不足道的成绩，这一切都离不开领导的悉心指导与无私帮助，离不开团队的紧密合作与不懈奋斗。在未来的工作中，我将继续砥砺前行，坚守本职岗位，追求卓越的工作品质，立志成为新时代的‘金牌’电力工匠。”

作者：王晓楠

巾帼建功展英姿　铁血丹心促成长

——记国网三门峡供电公司变电二次运检一班运检工、代理班长　张清丽

张清丽，女，1989 年 7 月出生，中共党员，研究生学历，工程师，继电保护高级工，现为国网三门峡供电公司变电二次运检一班运检工，代理班长职务。2017 年 6 月毕业于郑州大学电工理论与新技术专业，同年 7 月进入国网三门峡供电公司，在变电二次运检一班工作至今。主要负责三门峡东部地区 5 座 220kV 变电站、22 座 110kV 变电站、3 座 35kV 变电站的二次设备技改、定检、缺陷处理、验收送电、隐患排查治理等工作，守护着公司东部电网的最后一道防线。

自入职以来，履职尽责，严格要求自己，认真钻研变电二次专业技术，不断学习继电保护原理知识，潜心研究专业工作创新思路，不断提高个人综合素质，严格遵守各项规章制度，在险情、雪情面前，能做到迅速响应、逆雪而上，投身抢险救灾一线，在危难中彰显巾帼风采，班组和个人先后获得过“国网三门峡供电公司工人先锋号”“三门峡市巾帼建功标兵”等荣誉。

临危受命，争当花木兰

“工区领导决定，让你暂代班长职务。”2023 年 3 月的某一天早上，班长平路如是说。这句话如同一记惊雷炸在张清丽的耳边，她疑惑了一下，说了一声“好”。要知道当时班里就剩三个兵了，除了她是 5 年工龄的老师傅外，其他两位都是工作不满 2 年的新员工。面对严重缺员和人员技术严重不足的状况，她毅然决然地承担起了班组的重任，一面保质保量完成各项生产任务，一面加强班组建设和人才培养，为保证及时应对各种突发情况，她 24 小时随时待命，无论刮风下雨，还是假期节日，只要有缺陷处理的现场，总能发现她的身影。5

月28日，得知110kV海露变和会盟变直流接地，为防止保护误动，紧急出发前往处理，刚处理好海露和会盟的直流接地，又突然得知神泉直流接地，她和队友又紧急出发神泉消除了缺陷，保证了设备的正常供电。一天之内横跨三门峡东西两部，甚至连续工作到早上6点，她付出的辛苦可想而知，但她从不抱怨。作为代理班组长，她为人谦虚、乐于助人、善于积累，多次带领班组解决突发性事件，积极主持义马变全站改造、三门峡东部电网加强、新建110kV石堆变等工程的验收送电工作，处理各类影响电网和设备的缺陷357条，确保了三门峡东部电网的安全稳定运行。

巾帼之志，铁血丹心，她用行动诠释了巾帼不让须眉的信念，将女性的坚忍和勇气传递给了更多的人。她的精神和行动，不仅为班组注入了新的活力和动力，也为三门峡东部电网的稳定提供了有力支撑。她的故事，将会激励更多的女性勇敢前行，为事业和生活奋斗不止。

挺膺担当，不远千里驰“皖”

2024年春节前，公司接到驰援安徽抗冰救灾的通知，作为在三门峡工作的外地人，面对过年与家人团聚的机会和驰援抗灾的选择，张清丽毫不犹豫地放弃了屈指可数的与家人团聚的机会，主动申请参与到安徽抗冰救灾的第一线。她深知作为一名共产党员，必须时刻把人民群众的利益放在首位，舍小家为大家，奔赴抗灾前线，为人民群众的生命财产安全保驾护航。

不畏艰难险阻，勇攀抢险高峰。在驰援安徽抗冰救灾的过程中，历经5天，不分昼夜，辗转安徽省芜湖、铜陵等城市，带领抢险队员与冰冻搏斗、与寒流抗争。在抢险现场，她始终冲在最前面，不惧艰险、不畏困苦，用实际行动展现了新一代青年的责任和担当。她带领队员克服重重困难，协助铜陵公司圆满完成了500千伏官山变电站220千伏官丹线4D56、4D57两条线路的融冰任务，做好易覆冰线路的“一线一案”方案优化，为缩短融冰时间提供了有力的技术支持，全面展现了公司抗冰融冰工作积累的实战经验。

巾帼传承，培养检修雏鹰

张清丽带领的班组，平均入职年限不足 2 年，为提高班组执行力，她发扬“特别能吃苦、特别能战斗、特别能奉献”的精神，扎实推行“安全风险二次确认”工作法，坚决守住安全红线、底线，做夯实基础的奋斗者、创新创效的先行者、电网稳定的维护者。为提高班组创新能力，干一行、爱一行、精一行，她争做现场问题的发现者、现场问题的解决者，争当技能大师、操作能手和创新标兵。作为变电二次专业的年轻“老师傅”，她将处理并获得公司突出贡献奖的 20 余项典型经验和 10 余份故障分析报告作为培养新人的首要任务。在 2023 年，她带领青年员工参与现场融冰 4 次，累计完成输电线路融冰 16 条次。

为了更好地培养新人，她通过签订“师徒合同”的方式，收获了 3 名高学历徒弟。她不仅将自己的经验和技能传授给新人，还注重激发他们的创造力和创新精神，引导他们在工作中不断探索和创新。

“多维度练精兵、全方位强技能”，班组成员经常一起探讨缺陷处理方法、规整缺陷类型、分析家族性缺陷，勤学多思，以高度的责任感和工作热情，积极负责地开展工作。努力学习各项技术，积极参加各项培训，在实践中不断总结创新，形成了一系列具有实用性和可操作性的质量管理成果和群众创新成果。其中“移动式继电保护试验平台的研制”获河南省质量协会 QC 成果发布会一等奖，国网河南省电力公司 QC 成果发布会三等奖，团队申报发明专利 2 项，实用新型专利 3 项，“一种直流多点接地故障查找仪”发明专利已受理。

彰显党员本色，传承责任担当。作为一名共产党员，张清丽始终不忘初心、牢记使命，挺膺担当，充分发挥了党员的先锋模范作用。她的行动充分体现了共产党员的责任与担当，彰显了新一代青年的风采和形象，也让她成为班组中的“花木兰”，成为更多人的榜样。十年磨一剑，厚积而薄发，她将继续努力提升自己，为三门峡地区的电力建设添砖加瓦。

作者：司华清

守其初心　努力进取

——记国网三门峡供电公司建设部五级职员　刘辉

刘辉，1999 年参加工作，在电力行业辛勤耕耘的 25 年里，他始终不忘初心，脚踏实地，对不同的岗位保持着同样的热忱，用多年积累的丰富工作经验，在推进主网工程建设的道路上笃定前行。2020 年至今获得国网三门峡供电公司“劳动模范”、三门峡市“五一劳动奖章”、国网河南省电力公司“先进工作者”、国网河南省电力公司“劳动模范”荣誉称号。

置身一线，敬业奉献

1999 年 10 月，刘辉初出茅庐，在调通中心远动班从事调度自动化专业工作，2002 年 9 月前往检修工程部成为保护班的一员。继电保护专业对人员专业知识掌握情况要求很高，要负责变电站设备安装、调试、运维等任务，常年吃住在工地，顶着烈日或在冰天雪地中工作是常事。他作为一名新人，在现场被师傅们吃苦耐劳的优秀品质深深感染，为了尽早具备独立工作能力，他认真学习变电二次安装调试等专业知识，发挥比较熟悉变电站监控后台、远动装置远传等业务优势。在保护班工作的那几年，正赶上城网改造和农网改造建设高峰期的好时机，他亲身经历了设备安装、电缆接线、装置调试等重要工作，积累了丰富的现场经验，迅速成长为一名合格的继电保护工作负责人。

勇于担当，恪尽职守

2006 年 5 月，公司远动专业任务繁重，刘辉来到调通中心担任远动专责兼远动班班长，负责地调主站、地区各集控站、变电站远动设备安装、维护等工作。作为一名年轻员工，担任专责兼班长对他来说既是责任，也是考验，他迅速调整状态，制定出一套工作方案：一是积极和省公司自动化处领导汇报沟通，及时了解最新的政策和技术要求；二是团结同志，努力培养年轻同志，并为他们创造晋升机会；三是重视班组建设，勇夺工人先锋号。2013年，他带领远动班全体同志顺利完成了调控一体化ON3000系统安装、四遥试验、投产，在全省各供电公司中首家实现了“调控一体化”工作模式。同年，他负责完成地调主站D5000系统安装工程建设，该套系统运行至今，仍在调度的日常工作中发挥巨大作用。

多年的现场工作经历使他积累了丰富的知识与经验，经省电力公司推荐，国家电网公司人资部批准，他作为国网技术学院周期制兼职培训师，共培训300余名学员，完成了“安规”“变电站计算机监控系统”“主站系统验收测试”等课程，荣获优秀兼职培训师等荣誉。

触类旁通，屡创佳绩

2014年3月，刘辉到建设部担任项目管理专责，负责灵绍±800千伏特高压直流输电工程属地化协调、主网项目管理、项目技术管理、农网工程管理等工作。公司领导高度重视特高压工作，全省首家地市公司完成灵绍±800千伏特高压直流输电工程属地化协调工作。根据灵绍±800千伏特高压直流输电工程属地化协调工作，编写了典型经验《特高压工程属地协调管理》，入围省公司典型经验库。QC成果“立杆晃绳快速安装和解脱装置的研制”荣获2015年度河南省质量管理小组一等奖。2017年完成了科技创新项目“输电线路通道附着物补偿管理及测算系统”，大大加快了输电线路工程补偿工作进度，提升了大数据管理水平，该成果荣获省公司科技进步三等奖。2019年完成了科技创新项目“便携式输配电线路施工地质探测装置研究”，该成果通过省公司验收。

2015年至今，他担任业主项目经理先后完成了河南三门峡东部220千伏电网加强工程、220千伏陕县摩云2号主变扩建工程等21项输变电工程建设。从工程初步设计、施工图审查、物资招标、施工过程、工程验收、启动投产等全过程关键环节，对施工安全、质量、进度等方面进行把控，圆满完成省公司里程碑计划任务。2019年完成国家重点工程蒙华铁路的配套工程220千伏灵宝枣林开关站工程建设，为蒙华铁路 220 千伏寨雨、罗湾、洛宁西等牵引站提供了可靠的电源保证。2020 年完成 110 千伏市区商南输变电工程建设，克服了变电站站址标高调整、地基灰土挤密桩施工难度大等困难，提前 2 个月投产。项目管理未雨绸缪，2021 年提前 3 个月完成 220 千伏陕县摩云 2 号主变扩建工程变压器、GIS 等主设备招标工作，解决了高阻抗变压器为满足与一期并列的生产细节问题，安全可靠地实施了 220kV 和 110kV 线路停电过渡方案，为重要用户恒康铝业复产、宝武铝业启动提供了必要的设备条件。摩云扩工程荣获省公司安全管理五好示范工地。河南三门峡东部 220 千伏电网加强工程为三门峡地区电力外送重点项目、全省度冬保供重点工程。他担任业主项目经理组织 9 个专业精心编制东部电网加强工程，实施 1 个总体方案，施工组织、安全监督、电网调控、设备运维、优质服务、舆情防控 6 个子方案，以及 17 项专项施工方案，前后历时 21 个月，钻越 2 处特高压线路，完成 6 处重大跨越，连续停电作业 66 天。该工程于 2023 年 11 月 10 日安全有序竣工投产，与 6 月底投产的 500 千伏陕州扩工程合力提升地区电力外送能力 85 万千瓦，在郑州、洛阳、三门峡三个地市中率先完成纳入省委督办的 2 项电力外送重点工程建设任务，为全省度冬保供奠定坚实基础，基本满足“十四五”期间地区新能源发展需求。

“博观而约取，厚积而薄发”，2024 年 2 月，他凭借优秀的业绩与踏实的工作作风任职建设部五级职员，新的岗位意味着更多挑战与责任，他将心怀理想，立志向前，时刻激励自己在新的岗位上为公司基建工程建设、打造坚强电网做出应有贡献。

作者：白惠琳

青春建功　巾帼担当

——记国网三门峡供电公司变电二次运检二班班长　王雪珂

王雪珂，女，硕士研究生学历，党员，1992年11月出生，现为国网三门峡供电公司变电二次运检二班班长。2017年6月毕业于郑州大学电力系统及其自动化专业，同年7月进入国网三门峡供电公司，在变电二次运检二班工作至今。自入职以来，她扎根生产一线，凭借勤奋好学的求知精神、扎实的技术水平、负责的工作态度和胆大心细的创新精神，立足岗位，努力拼搏，为三门峡地区变电站二次设备安全稳定运行保驾护航。参加工作的这七年的经历，于她而言不仅仅是上了七年班，更多的是在每一项工作中得到的历练和成长。

立足岗位　坚忍担当

2018年，王雪珂定岗后第一次跟着师傅去变电站，就被通知要紧急赶往县里的一个抢修现场，10摄氏度的气温，穿着单衣却挥汗如雨。那是她第一次参与抢修，每个人都好像不会累一样连续工作了三天。当时师傅告诉她，一整个村的村民都在等着送电，可不能耽误了，抓紧时间恢复供电是责任。这是她学到的第一课，叫做责任和担当。后来她也当了工作负责人，也曾经在大年初一全家团聚的时候突然去抢修，曾经为了保证用户供电在冬夜凌晨的寒风中查找缺陷，曾经辗转奔波验收消缺抢修送电的多个现场，浸满汗渍的工作服都硬了也没时间换，也曾经为了送电在站里熬了一个又一个夜、看了一个又一个日出。夏天最热的时候干活，只担心从脸上滴下的汗水会落到设备上，影响设备运行；冬天夜里零点抢修，只记得要加倍小心，避免低温时塑料部分变脆变硬被不小心破坏。每次工作她都不忘初心，积极完成每一项任务。或许有人认为这是“牺牲”，但她更倾向于将这些付出理解为“责任”。变电二次的工作不分刮风下雨、雨雪冰冻、白天黑夜，她负责的辖区内 11 个运维班里每个值班的人都有她的电话和微信，变电站里的每个二次设备照片都在她手里。她平均每年外勤天数超过 270 天，参与各类应急和抢修工作 60 余次，牢牢守住电网安全运行的第一道防线，保证辖区内电力供应可靠稳定，而做好这些事情，仅仅是她最基本的职责。

钻研奋斗　勇挑重担

2022 年 12 月，为防止雨雪冰冻天气线路结冰导致事故跳闸，公司将全省首套 220 千伏移动式直流融冰装置安排在王雪珂负责的枣林变。当时时间紧迫，厂家人员无法到达现场，她便主动请缨，充分发挥党员在“急、难、险、重”工作中的率先垂范作用，带领班组积极钻研新技术新设备，完成河南省首台 220 千伏移动式直流融冰装置的安装、调试以及演练、投运工作，并对全体二次人员进行了培训，保证每个人都清楚融冰工作的各项流程和方法。那时的她并不知道，正是这样的“饱和式准备”，日后帮助他们在一场场抗击寒流冰雪的战役中取得胜利。

2023 年 12 月，三门峡地区迎来大面积降雪，低温高湿的气候造成多条重要线路迅速结冰，给电网运行带来极大隐患。在三门峡下雪最大的那个下午，路面上到处都是打滑、停滞的车辆，王雪珂带领人员带着装备逆向奔赴冰冻灾害最严重的卢氏变，连续作战，充分利用卢氏变和横涧变两套融冰设备，迅速解除了多条线路覆冰跳闸的隐患，为冬季低温雨雪冰冻天气下的电网安全运行提供了强有力的保障。

她的很多工作都是如此，宁可备而无用，不可用而无备。平时对待每一项工作都严谨认真、耐心细致，多想、多思、多总结，专业技术知识多储备、常规性工作多优化、突发性工作多预想，在面对突发状况之时不乱阵脚。

团结精进　技术创新

变电二次的专业知识深、难、广、杂，人员培养周期长。作为三门峡供电公司变电二次运检专业的第一位女班长，王雪珂面临的是 6 位班组成员加上她自己，平均年龄 27 岁、平均工龄 3 年的人员情况，她只能将经验不足的劣势转化为学习能力强的优势，加强团队建设，带领班组时刻保持积极的学习热情，不断自我革新，提高凝聚力；为了充分发挥传、帮、带的作用，她以落实责任、师带徒、技术问答、现场讲解等方法，形成大量的实践资料和典型经验，迅速提升了人员技术水平，培养了一帮经验丰富的年轻“老师傅”，打造了一支能吃苦、会干活的富有战斗力的队伍。此外，他们还在实践中总结创新，形成了多项质量管理成果和群众创新成果，仅去年一年就获得省公司群众创新成果三等奖、市公司 QC 成果一等奖、群众创新成果一等奖，受理发明专利 2 项。

去年她所在的班组被评为三门峡市工人先锋号、省公司无违章班组、市公司先进班组，她本人也被授予三门峡市巾帼建功标兵和市公司劳动模范的称号。过去的荣誉也是今天的号角，激励她不断超越自我，向着更好的自己努力拼搏。作为一名共产党员，同时也是新时代的青年，她将不断磨砺自我、锻造品质、精进技术，以过硬的本领做好三门峡万家灯火的守护者。

作者：刘荫雅

从业 32 年的“老黄牛”

——记国网义马市供电公司配电运检班班长　苗团结

4 月 30 日，2024 年庆祝“五一”国际劳动节暨表彰河南省劳动模范和先进工作者大会在郑州隆重举行。在表彰大会现场，三门峡供电公司员工苗团结荣获河南省劳动模范称号，他身披红色的绶带、戴上闪光的奖章，接受属于劳动者的崇高荣誉。

从业 32 年，他是同事口中爱岗敬业、钻研奉献的“老黄牛”。担任班组长 20 余年，扎根基层苦干实干，不论在什么岗位，都能身先士卒、率先垂范，积极投身于电力工作中，为客户便捷、安全用电提供了有力支持，为三门峡公司及地区电网发展作出了突出贡献。

两三个月的时间，完成 3 万余户送电任务

2017 年，在义马市国企“三供一业”供电分离移交工作中，苗团结接到紧急工作任务，在 2 个月内必须完成全部分离移交工作。

面临时间紧、任务重的现实困难，苗团结每天带领一线人员加班加点，走遍企业的所有家属区，做好与企业的前期工作联络、改造协议签订、供电方案制定、施工方案审核、竣工检查及组织验收送电等各项工作。其间，多次带头开展零点作业，解决施工问题。

“那两三个月时间，每天都是天一亮就起床，把公司能用的人都用上，奔波在各个现场，加班到次日凌晨是常有的事。”苗团结说，那段时间确实很辛苦，但是能给千家万户带来光明，他认为再辛苦也值得。

功夫不负有心人。经过苗团结和同事的努力，在规定时间内顺利完成义马市 32 个小区、186 台配变、3 万余户的送电任务。

冲锋在一线，多次参与抢险救灾工作

2019 年，义马气化厂发生爆炸事故及周边配电设施受到损坏后，苗团结作为现场抢险施工组织人员，及时制定配网抢险方案，带领抢险队开展事故应急救援供电保障和供电恢复等工作，全面完成指挥部下达的各项应急处置供电保障任务。

架设 10 千伏配电线路 0.32 千米，处理倒杆、断线故障，恢复配网主供线路，安装配电变压器 2 台，敷设低压照明线路 4 千余米……他们为抢险救援和后期处置提供了电力支持，恢复了除事故单位外所有客户的正常供电。

2021 年，郑州特大暴雨后，作为三门峡义马供电公司配电抢险二队的队长，苗团结冲锋向前，第一时间带领抢险队队员 14 人赴郑州巩义参加抢险工作。他顶着酷暑高湿，克服灾区地形复杂危险，精心制定抢险施工方案，安全圆满地完成抢险救灾任务，共完成 5 条线路、6 个大分支的抢修工作，为 34 个台区 4200 余户恢复了供电，受到灾区群众的赞扬，为三门峡公司争得了荣誉。

“当时在救灾现场 10 天，每抢险一处，就要保证这里当天能送上电。”苗团结回忆说。

从业 32 年，苗团结长期从事营销、配电专业管理工作，擅长设备管理及现场施工组织，精于配网故障的查找及抢修工作，带领班组人员扎扎实实做好线路设备巡视维护、故障抢修，保障了 7 万余客户故障报修和 600 余公里高低压线路、975 台变压器的安全稳定运行。凭着这种“老黄牛”精神，他受到公司广大干部员工好评，并获得“国网河南省电力公司营销工作先进个人”“三门峡市劳动模范（先进工作者）”“国网河南省电力公司劳动模范”等多项荣誉。

作者：杨旸

莫让青春负韶华

——记国网济源供电公司变电运维三班值班长　郝阳斌

郝阳斌，中共党员，国网济源供电公司变电运维三班值长，先后获得济源示范区五一劳动奖章、河南省青年岗位能手称号。参加工作以来，他一直默默耕耘在变电运维一线，在日复一日的不断重复中，从变电“新兵”成长为业务骨干。在他看来，奋斗不是响亮的口号，而是要在做好每一件小事、完成每一个任务、履行每一项职责中去体现。

以岗为家——对弈平凡，守护光明

想起刚刚来到变电站的那段时间，郝阳斌依然满怀感激：“我很庆幸自己参加工作遇到的第一位老师是张化平班长。他在变电站工作 30 多年，是我们公司变电运维专业首屈一指的技能专家。初到工作岗位，他从设备结构到巡视要点，从运维重点到操作细节，一点一点、一步一步给我讲解。同时，每次实操，他都带着我，还经常通过模拟操作考查我对实操的掌握情况。更重要的是，他一丝不苟、精益求精的工作态度和三十年如一日的奉献精神也潜移默化地对我产生了深刻影响。”

随着业务水平的迅速提高，郝阳斌开始参与大型的倒闸操作：2017 年完成 110 千伏虎岭变电站投运任务；2018 年完成 110 千伏武镇变电站扩建工程和 110 千伏姚村变电站投运任务；2020 年完成 220 千伏荆华变电站 220 千伏系统多次倒母线、主变停送电操作和 220 千伏勋城变电站投运任务。根据班组提供的数据，他在短短几年时间里，累计完成倒闸操作千余次，未出现一次误操作；巡视变电站 1500 余站 / 次，上报紧急缺陷 5 条、一般缺陷 60 余条；处理 PMS 系统设备台账异常数据 3000 余条。

作为一线运行人员，盛夏酷暑，需要顶着烈日奔波在一个个变电站进行设备巡视；北风凛冽，需要冒着严寒在室外设备区进行倒闸操作；狂风暴雨，更是需要随时待命、毫不退缩。他已经记不清楚多少次，和站里的师傅来不及吃饭，为的是尽早恢复送电；也不知有多少个夜晚，他们忙碌到凌晨甚至天亮，为的是及时消除设备缺陷。他连续三年的中秋和春节都坚守在值班岗位没有回家，守护了这座城市的烂漫灯火。“他虽然年轻，但身上却没有年轻人的浮躁，在工作中一步一个脚印干好了一件件小事。”这是班组师傅们对他的一致评价。

以岗为家，他用实际行动兑现电网员工守护光明的承诺，他用默默坚守诠释平凡亦蕴含精彩的真谛。

以梦为马——争做先锋，不负韶华

2015 年夏天，郝阳斌从红旗渠的故乡林州来到了愚公移山精神的发源地济源。

“自力更生、艰苦创业、团结协作、无私奉献”的红旗渠精神早已刻进了林州人的骨子里，而愚公移山精神作为济源的“城市灵魂”也深深融入了济源人的血脉之中。作为一名“新”济源人，两种精神在他的身上渐渐融合，给他提供了源源不断的前进动力。

面对公司提供的各种平台和机会，他以敢打能拼、实干争先的奋斗姿态和进取状态取得了优异成绩：公司“擂响青春”年终总擂主、“智汇济电”青年创新创意大赛最佳创新奖和最佳展示奖、“与祖国共奋进 与岗位同成长”主题演讲比赛一等奖、济源市第六届职工职业技能竞赛第一名、济源市优秀共青团员、济源市技术能手、济源市五一劳动奖章、国网河南省电力公司优秀共青团员、河南省质量管理小组活动成果一等奖、河南省青年岗位能手。

面对取得的荣誉，郝阳斌说出了自己的心里话：“这是对我过往几年工作的一种认可，更是对未来工作的一种激励和鞭策。我的成长离不开师傅们的言传身教和公司领导的关心支持，在今后的工作中我会继续保持和发扬勤于学习、善于思考、勇于担当、甘于奉献的工作作风，不留遗憾，不负时代，不负韶华！”

以梦为马，他用锐意进取展示电网员工担当实干的风采，他用优异成绩谱写济电青年奋发成才的华章。

“红日初升，其道大光；河出伏流，一泻汪洋。”这正是青年的力量！郝阳斌表示，他将和公司的青年员工一起，以时不我待、只争朝夕的紧迫感和当仁不让、舍我其谁的责任感，履职尽责，全力践行人民电业为人民的宗旨，牢牢守住安全生产底线，坚定不移地推动公司和电网发展迈上新台阶，为电网安全运行、更好地服务经济社会发展贡献青年力量。

作者：李尚澄

坚守初心二十年　平凡铸就匠心梦

——记国网济源供电公司装表接电班班长　吴现周

吴现周，2003年参加工作，现任国网济源供电公司装表接电班班长，负责济源产城融合示范区济源境内42座35千伏及以上变电站、20多个开闭所、9000多个专公变计量装置的安装、运维、管理工作，2023年被评为国网济源供电公司电网工匠。

专业专注，无私奉献，砥砺前行展风采

二十年如一日，深耕电力营销计量工作，他把青春和热血，都奉献给了所热爱的电力事业。自工作以来，吴现周同志始终坚守在基层一线，他总是来得比客户早、走得比客户晚，踩泥泞、饮霜露，行车20万公里，在电力计量岗位上日夜辗转奔波，监测和维护着大大小小计量装置的安全稳定运行。虽然工作内容千篇一律，吴现周却始终热情不减，尤其是对计量装置改造中的计量回路检查判断，更是有着特有的敬业和专注。

2007年，济源电网配电线路电压等级由6千伏整体升至10千伏标准电压等级，计量装置改造工作的重任落在了吴现周的肩上。时间紧、任务重，为了按时完成计量装置改造任务，吴现周带领装表接电班组的同事们连续二十多天奋战到凌晨，逐一检查计量装置回路，终于提前完成全市三条线路，49台专公变计量装置的改造工作，实现了电压等级无感切换，保障了电量电费计量无误。每当回想起那段时光，吴现周总是感慨：“那段经历真的很难忘，大家披星戴月奋战几晚，都异常疲惫但始终没有放弃，互相鼓励，当时的坚持和奉献将是我一生中平凡岗位前行路上最好的精神食粮。”

勤学善思，开拓创新，技术攻关深钻研

吴现周将计量故障及反窃电中的常见问题进行总结分析，精心研究窃电装置的工作特点和原理。练就了“数据一口清、状态一看明、操作一步到位、确认故障一锤定音”四项“绝技”，多年来始终保持装表接电工作“零”失误率。

从装表接电岗位转至检验检测岗位的宝贵经历，让吴现周对电力营销计量知识有了重新理解、融会贯通的契机。在一次互感器检测工作中，吴现周发现互感器一次连接端子与检测设备连接成功率低，造成工作效率下降。经过和设计研发部门的反复沟通和试错，研制出了一种互感器检测用的连接件，极大提升了电压、电流互感器检验检测工作效率，降低了检测误差率。吴现周在工作中敏于观察，勤于思考，善于总结，二十年的电力计量工作生涯中，他将专业吃透、学透、钻研透，共计参与授权实用新型专利研发20项，先后取得装表接电高级技师和电力工程高级工程师职称。2010年、2013年、2016年参加济源市职工技术运动会装表接电竞赛，获济源市技术能手称号。

倾囊传授，薪火相传，人才梯队新建设

由于电力营销专业的特殊性，人才流动频繁，很多员工都是刚步入工作岗位的年轻人，为了让他们更快成长起来，吴现周总结在国网公司授课258课时的经验，在工作之余组织技能培训，利用公司实训台多次组织错接线分析、装表接电等技能培训，短短五年时间，共培育出装表接电、用电检查、营销服务等专业技师5名、高级工12名、中级工10名。

为了将自身技术技能水平更好地传承下去，吴现周根据工作中出现的难题，先后组建质量管理小组开展疑难问题攻关，团队质量管理成果“降低35kV虎焦线电压二次回路压降”“降低110kV克井变母线电量不平衡率”获河南省质量管理成果一等奖。

吴现周为单位培养出了一批又一批技术骨干，有的步入管理岗位发光发热，有的成为岗位专家独当一面，他们在不同的岗位建功立业，将吴现周相授的工匠精神发扬在济源电网的每一寸土地。

“检验台前、实训室里、变电站校表现场，他的匠人匠心精神深深打动了我，激励我在平凡的岗位上实现不平凡的人生价值”，检验检测班青年技术骨干张益轲分享道。

“这么多年来，让我最难忘的就是他对待装表接电工作的专业和专注，高温下他头戴安全帽装表接电的一幕幕画面激励着我在工作岗位勇毅前行”，营销部农电、计量专责崔广涛感慨。

岗位建功，一路高歌。2014 年 4 月，吴现周获得国网河南省电力公司青年岗位能手称号；2016 年 11 月，获得济源市技术能手称号；2017 年 4 月，获得济源市五一劳动奖章；2023 年，被评为国网济源供电公司电网工匠。一份份荣誉，是付出与努力的彰显，是汗水和智慧的结晶，更是吴现周对济源电网电力计量工作未来的期待。

作者：李尚澄

追求精益求精的电网通信“工匠”

——记国网漯河供电公司电力调度控制中心通信调度员　张曦

7月2日，笔者在国网漯河供电公司电力调度控制中心，看到通信调度员张曦正在紧张有序地忙碌着。

通信调度员的职责核心是“组织、指挥、协调、管理”，张曦负责通信网的资源、方式及检修管理，保障通信系统安全运行，当好“千里眼”和“顺风耳”，确保电网“耳聪目明”。每天，她所面对的是1800多公里的通信光缆网、近千台通信设备、900余条通信通道、一张张通信系统拓扑图、一页页配线接线图和一次次通信检修的跨部门协调管理。

“工作看似平凡，这其中的每一个环节都关乎电网的安全稳定运行。”张曦的同事应会军告诉笔者，张曦从一名新员工成长为通信专业技术能手，那股钻劲让大家很是钦佩。张曦在运维班工作时，记得有一次是在冬季夜晚，室外熔接光纤，她连续干了5个小时，冻得手都拿不到光纤，但她丝毫不退缩。2018年机房改造，整体业务割接，所有业务都要转移到新的设备，张曦一大早钻进去，一忙就是一天。她却说，在实践中能获得很多知识，所有的辛苦和付出都是值得的。

张曦2019年到调度班工作，之前是要去现场、维护，现在的工作更多是通信网运行方式管理以及资源和检修工作管理。干一行钻一行的张曦，连续5年负责编制漯河供电公司通信网年度运行方式，共完成三十余座变电站投运通信系统接入方式规划工作。2022年参与公司华为SDH光传输网络核心环10G带宽提升工作；同年完成调度数据网二平面通信系统接入工作；2023年参与35kV以上变电站调度电话改造工程。

正是因为张曦在专业技术上不断自我突破，她在各类竞赛中屡获佳绩。

2017年获市通信技能竞赛个人一等奖。2022年在省电力公司通信专业劳动竞赛中，获个人第十名，团体三等奖；同年获国网通信专业调考团体二等奖。2023年分别获省电力公司、第四届全国电力行业青年培训师教学技能竞赛个人三等奖，填补了我市在该奖项上的空白。

张曦先后被评为市技术能手、河南省电力公司技术能手、漯河供电公司劳动模范，被授予漯河市五一劳动奖章。

作者：杨书军

电网“全科医生”

——记国网漯河供电公司变电检修中心变电二次专责兼变电二次运检二班班长　宋阳光

如果把电网比作人体，二次系统就相当于神经。处理二次系统的故障缺陷，就像医生治病一样，只有找准病灶、消除病根，才能确保电网安全稳定运行。今年 39 岁的宋阳光，正是这样一位为电网保驾护航的“全科医生”。

作为国网漯河供电公司变电检修中心变电二次专责兼变电二次运检二班班长，十多年来，宋阳光参与了 10 千伏至 220 千伏电压等级的二次系统建设和改造，消除了许多隐患，调试的保护装置正确动作率达 100%。宋阳光在不断给设备“治病”的过程中练就了高超“医术”。

220 千伏母差改造是二次专业公认的一项高风险、高难度、高技术含量的大工程。让同事张登岳印象深刻的是，在 220 千伏英章变电站 220 千伏母差改造工程中，对 220 千伏第一套母差进行更换、保护带负荷测试时，宋阳光发现保护装置显示 0.09 安微小差流。通过相位表对各间隔的潮流进行测量后，宋阳光确定 220 千伏英崇电流互感器极性与新装保护装置要求不符，作出了 220 千伏英崇电流互感器采样有误的判断，并随即进行校正，保证了设备的顺利投运。后来，宋阳光检查发现，原来是Ⅰ期施工时电流互感器接线未按设计施工，导致电流互感器极性接反。宋阳光及时消除了安全隐患，避免了事故发生。

同事袁心介绍，不管是大风暴雪、还是炎夏酷暑，宋阳光总是走在抢修队伍的前面。遇到突发事故时，他不是在站内消缺，就是在外出消缺的路上。他凭借扎实的基本功和锲而不舍的毅力，解决了变电站各种“亚健康”问题。

“预防大于治疗，要防患于未然。”这是宋阳光对自己和所在班组成员提出的要求。在提高自身技术水平的同时，宋阳光不忘对同事进行“传帮带”。他先后完善了班组培训制度、管理制度，要求班组成员坚持学习。其所在班组曾获得国网河南省电力公司调度自动化及网络安全调考团体三等奖，在全市继电保护竞赛中取得第一名的好成绩。

宋阳光先后被评为国网漯河供电公司优秀共产党员、漯河市技术能手、国网河南省电力公司劳动模范等，并获得漯河市五一劳动奖章。

作者：辛明洋

电力铁军展风采

——记国网舞阳县供电公司城区供电中心配电运检班班长　焦学军

焦学军，男，汉族，1972 年 2 月生，大专学历，助理工程师，现任国网舞阳县供电公司城区供电中心配电运检班班长，曾是一名光荣的退伍军人。

焦学军 1990 年参军入伍，在部队这个大熔炉中学习保家卫国擒敌本领，由于表现特别优秀，深得部队领导和战友的喜爱与认可，1991 年便在部队被党组织批准加入中国共产党，成为一名光荣的中国共产党党员。自他入党的那一天起，他就把全心全意为人民服务的党员宗旨放在心中，打铁还需自身硬，为了以后的日子，就是祖国和人民需要的时刻，能够挺身而出，不辱使命，胜利而归，不负青春，不负党和人民的重托，他刻苦训练，不怕流血受伤，敢于拼搏，敢于挑战自身极限，使得各项军事训练科目均出类拔萃，多次被评为“优秀士兵”，他靠着自身的不断努力，当之无愧地被选拔为士兵班长。之后，他带领全班认真训练，使每一个人都成为合格士兵，能够圆满完成领导交办的任务。特别是在湖北省大阅兵、宜昌地市合并大阅兵等多项重大任务中，他所带领的班组荣获“湖北省武警部队优秀班集体”称号。

1993 年，焦学军从部队退伍回到家乡后，怀着做一名“光明使者”的执着梦想，去到舞阳县电业局工作。面对家乡农村较之城镇的贫穷落后，他觉得自己应该对改变农村面貌，振兴乡村，为乡亲们能过上好日子出一份力。所以他主动请缨到乡村工作，局领导自然是喜出望外，将他先后分配到九街乡农电所、姜店乡农电所，他去到那里后继续发扬离军不离党，退伍不褪色的军人精神，一不怕苦，二不怕累，因其立即投入到工作中，在很短的时间里就和乡亲们打成了一片，并且也适应了以所为家。在乡下摸爬滚打数载后，他已经是一名出色的电力人了，从修理、安装变压器，到铺设线路的高空作业，再到安装电表、给独居老人装插座、换灯泡等分内分外的事情，他都驾轻就熟了。多年相处下来，他和当地老百姓建立了深厚的感情。2000 年因着城区有线路改造任务，需要肯吃苦的出色的爬杆架线城网改造能手。局领导注意到了他，将他紧急调回城区电业局。得知他将要回城，不少乡亲们前来送行，依依话别。

回到县城后，焦学军被分配到城区运检维修班，并立即投入到城网线路优化改造的工作中。他不怕风霜雨雪，也不怕炎炎烈日，就怕领导因他工作起来废寝忘食，怕他累坏身体而下达强制休息命令。他在平时休息时，接到同事不能解决的工作难题时，二话不说就奔赴一线，因为他一直不忘，要把光明送到千家万户，送达每一个需要的地方的责任与担当，群众的满意就是他工作的最大动力与乐趣。

焦学军多年的勤奋工作，被领导和同事看在眼里，放在心上，多次被评为“先进工作者”，2021 年他又被任命为城区运检维修班班长，他带领的班组负责县域内 400V 线路正常运行和 24 小时抢修工作，肩负舞阳县城区内 4 万户居民的安全用电。从事配电抢修工作，整改消除安全用电隐患 856 处，整改隐患线路 300 余条次。为保证变压器“零烧毁”，他带领专业班组人员多次勘察现场，多方协调，确定变压器布点位置，近三年来，他协助完成城区内新增、增容变压器近 200 台，改造 10 千伏线路 18 条，更换 400 伏线路近 100 千米，为线路的正常运行打下了坚实的基础，大大地缩短了由于设备问题而造成的停电时间，同时提升了供电可靠性，降低了用户投诉的风险，所在班组多次获得用户的表扬工单。

夏季，舞阳县城的大雨、中雨不断，又值盛夏用电高峰，焦学军更忙碌了，为了更好完成工作，他吃住在一线，接到群众电话，险情就是命令，马上出发，等处理完故障，正常供电，肚子早已饿得咕咕叫了，刚端上碗，还没吃几口，一个电话又急急地打来了，扒拉几口，赶紧又出发，他常挂在嘴边的一句话是：人民群众的满意是我最大的成就和追求。

焦学军同志用实际行动诠释“人民电业为人民”的服务宗旨，无数个抢修的夜晚、无数次被汗水浸透的工作服，见证着他在配电抢修工作中默默坚守的 20 余年，展现着一名军人的底色和共产党员的责任担当。

作者：柴华南　王峰

心中有“数” 为“新”赋能

——记国网鹤壁供电公司数字化部信息运维检修岗员工　张洪超

2020 年入职以来，张洪超便扎根数字化工作部，耕耘在数字化和信息安全领域。四年来，从入职的萌新，到业务精湛的“技术能手”，张洪超始终秉持着“科研服务于生产一线”的信念，用专业的知识为公司电力系统建设筑起坚固的网络安全防线，在网络安全和“数据仓库”等领域绽放绚丽的青春火花。

时时留心，铸就安全基石

作为一名青年员工，张洪超深知自己的责任和担当。自 2020 年入职以来，数字化工作部正处于网络安全人才青黄不接的时期，面临着业务流程没人教、技术要求没人懂、网络边界不清晰等问题。他以“日日行，不怕千万里；常常做，不怕千万事”的毅力，夜以继日地熟悉信息运维和网络安全相关的规章制度、业务流程、保障重点，在最短的时间内熟练地完成各项工作，及时发现各类网络与信息安全隐患，一直奋斗在信息与网络安全一线。张洪超常说：“没有任何防护系统是完美无缺的，任何一个微小的网络安全隐患，都可能成为恶意攻击的入口。”因此，他始终保持高度的警觉性和责任心，细心总结工作，不断探索、创新工作方法，他利用两年的时间重构公司网络架构、优化网络安全防护策略、提升信息运维工作效率，公司因网络故障报修率减少了 90%，连续 4 年未发生信息系统中断事件和网络安全事件。

事事专心，激发创新活力

在高质量完成生产工作之外，张洪超常常把“悟昨天，贵在总结谋新；奋斗今天，矢志超越革新；拥抱明天，勤于赋能迎新。”作为自身奋斗目标。面对公司早期网络漏洞及违规外联等隐患排查难题，他刻苦钻研、勇于创新，经过长期对网络设备的测试与观察，攻克技术难关，自主研发6套网络漏洞排查工具，获得软件著作权3项、专利2项，提高网络漏洞排查效率约90%。

处处用心，争创优异佳绩

自入职以来，张洪超在工作空闲之余主动参与各类技能竞赛与劳动竞赛活动，通过比赛锻炼技能、提升水平、积累经验。2021年，他带领团队研发的“通信运营商‘营销小助手’——精准定位营销潜力用户群”数据应用场景，在省公司第二届数据价值挖掘劳动竞赛中获得三等奖。2022年，参加国网河南省电力公司数据技能竞赛获得个人三等奖，并被授予国网河南省电力公司“技术能手”称号。2023年，在鹤壁市电力系统信息技能劳动竞赛中，获得第一名，并获得鹤壁市“五一劳动奖章”。此外，他还代表省公司参加国网公司标准在线协同编制技术测评竞赛，组织市县公司参加鹤壁市网络安全宣传竞赛，均取得优异成绩，获得公司“劳动模范”等荣誉称号。

步步精心，攻克行业难题

鹤壁公司作为省公司“数据仓库”试点单位，以提升公司数字化专业能力、发挥基层数字化专业作用为目标，持续加强数据融合应用与创新，不断拓展应用场景，延伸服务触角，释放电力大数据应用价值，赋能赋智经济社会高质量发展。为解决迎峰度夏期间用电难题，张洪超攻克“数据仓库”核心难题，综合分析了采集量测、客户档案等跨专业数据，构建了高负荷电力预测、停电舆情监测2个数据分析应用场景。其中，高负荷电力预测场景可以实现全市大工业用户用电排行、行业分类、日负荷、月负荷、年负荷等多维度监测，便于掌握工业负荷波动，负荷预测准确率提高1.4%，为电力需求侧响应数据监测、保障发用平衡和电网安全方面打下了坚实基础。他用自己的实际行动证明了青年人可以在技术领域追求更高的目标、实现更大的梦想。

张洪超坚信，奋斗就是新时代的主题，就是当代青年最好的标签。他将秉持“择一业、终一生，干一行、专一行”的执著，用实际行动践行自己的初心和使命，以蓬勃向上、克难求进的精神状态为公司高质量发展接续奋斗，再立新功。

作者：黄清江

激发潜力　勇往直前

——记国网鹤壁供电公司变电运维中心监控班副班长　袁雯雯

自 2017 年入职后，袁雯雯一直在变电运维中心从事运维、监控专业工作，入职七年来获得鹤壁市巾帼标兵、鹤壁市技术能手、鹤壁市五一劳动奖章、省公司技术能手、河南省技术能手以及国网公司专业能手等荣誉称号。

有人说，袁雯雯是潜力无限的，在那么多强大的竞争对手中，能凭借着自己的努力和专注脱颖而出，成为那场竞赛中本专业唯一一个获得国网公司个人荣誉的人。其实，我们能看到的成绩突出的、业绩优秀的，大多都是“厚积薄发”，而非“昙花一现”。袁雯雯入职后从事运维专业，每天和各种设备打交道、持续户外作业抗击恶劣天气、研读各种说明书和图纸，参与了 3 项省公司重点工程，投运了近 10 个站所。现场经验的积累让她在五年的时间内，从副值值班员成长为班组技术员。在国网公司实行“无人值守 + 集中监控”变电运维新模式，监控业务也纳入了变电运维工作中，并成立监控班初期，她作为专业骨干率先学习监控业务，在新一代集控系统建设及实用化过程中主动承担起规范化、适用化应用工作，鹤壁公司成为省公司首家通过实用化验收的新一代集控站。经过变电运维和变电监控两个专业的学习和锻炼，她在 2023 年国网公司举办的“设备运检全业务核心班组技能竞赛”中，斩获佳绩。这是她第一次参加国网公司级别的竞赛，也是她第一次获得个人的技能荣誉。

在竞赛的队伍中，袁雯雯资质不是最深的，知识积累也不是最厚的，但她却是学习最扎实最认真的。她说，师傅常常教诲她，“不怕慢就怕站”，不用在乎每次学多少，持续性才是最关键的，就像龟兔赛跑，不用在乎每一步的大小，只要一直在扎实地稳步走，胜利的希望就一直在。知识积累的过程就好像愚公移山，一锹一铲地积累着这些琐碎的知识。而且，现在有各路“神仙”帮助我们移山，像公司的“育苗计划”、部门的青年人才培养计划，都为她指明了成长方向、提升了成长速度。

“不积跬步无以至千里，不积小流无以成江海”是她一直信奉的格言，只有不断积累和历练，才能抓住每个转瞬即逝的机会。她并不会止步于现状，而是会持续挖掘自身潜力，不断提升自己，一直勇往直前、奋勇争先。

作者：侯力文

工匠精神，伴我成长

——记国网鹤壁供电公司计量中心采集监控班班长　孙爱民

2016年，李克强总理在《政府工作报告》中，特别指出，要培育精益求精的“工匠精神”。由此“工匠精神”在人们充满敬意的关注中再度回归，并出现在了治国方略的重要层面上，这不仅代表着国家意志，更是时代对工匠精神的深情呼唤。对于什么是工匠精神，千人有千解，大多数人的第一反应是日本制造、德国制造，是一个产品的每个环节、每道工序、每个细节都精心打磨、精益求精、追求卓越等。其实工匠精神不仅仅是一种技能，更是一种精神品质，它的精髓就是用心活、用心干、用心经营、用心诠释人生。

1998年7月，孙爱民电专毕业后，被分配到鹤壁供电公司，他的第一份工作是到基层做一名抄表员，当时抄表没有电采，全靠人力现场抄录，表箱有高有低，安装位置更是没有规律可言。而且，那时手机还没有普及，就连固定电话也不是家家都有，月底催电费时有好多都需要上门去催缴。另外，表箱内的停电故障也是归抄表员处理，可以说是“抄表员、催费员、维修员”三员合一。面对这些，孙爱民告诉自己“既来之，则安之”，抄表速度慢，他天天在现场熟悉表位，规划出最佳的抄表路线，催费白天找不到人，他就利用晚上的时间上门告知，表箱故障不会处理，他向老师傅们虚心请教，通过自己的努力，孙爱民很快就适应了由学生向员工的转变，工作的第二年就被评为公司的“先进工作者”。

甘愿从基础做起，从小事做起，只有这样才能不断积累经验，简单的事情重复做，你就是行家；重复做的事情用心做，你就是赢家。无论工作简单还是复杂，只要尽心尽力，认真研究，精益求精，就一定会有所收获。

2008年9月，根据工作需要，孙爱民被调到计量中心采集运维班工作。面对采集、计量两大技术挑战，为能尽快地转换角色，他给自己提出一个要求：两个月之内弄清它们的工作原理、安装方法、故障处理。因此，他白天在工作现场抢活干，晚上查资料、看相关专业理论书籍；别人休息，他在随身携带的笔记本上记录发现的问题及解决方法。通过不断地学习和刻苦钻研，他逐渐提高了解决实际问题的能力，为更好地从事采集、计量工作打下了坚实的基础。

孙爱民积极参加各项技改和专项检查工作，探索提高电能计量装置运行水平的方法。工作中他事事冲在第一线，充分发挥自身的优势，对装表质量认真检查，发现问题认真对待，始终做到防患于未然。他努力改进工作方法、提高工作效率，参与多起表计故障、错误接线、反窃电的查处及违章处理工作，为公司挽回直接经济损失达百万。

2012 年，孙爱民接到省共青团委“装表接电技能竞赛”的通知。面对压力，他深知只有付出更多努力才能实现超越。为在全省取得好成绩，他花费更多的时间去练习，白天正常训练，晚上自习背题，9 点后其他人回去休息，他就自己在实训室给自己“开小灶”。一遍一遍地练习，一遍一遍地计算，不断总结技巧，最终他顶着压力，获得团体第二、个人第一的好成绩。在此期间，他先后发表论文 9 篇、QC 获奖 7 篇、申请专利 4 项、获创新奖两项，两次获得鹤壁市技术能手称号，2012 年获鹤壁市“五一劳动奖章”，2013 年获河南省电力公司“优秀专家人才”，2022 年被评为鹤壁供电公司电网工匠，2023 年被评为“鹤壁工匠”。

心在一艺，其艺必工；心在一职，其职必举。无论你身处哪个领域，从事何种职业，只要你能够倾一生的时光与精力、倾一生的思维与智慧、倾一生的执着与追求，不气馁、不放弃，把自己所从事的工作做到完美、做到极致，那么，你就能超越梦想、成就辉煌。

2019 年，随着计量、采集业务下放到各供电部，孙爱民所在的采集运维班也更名为采集监控班，工作职责转变为对各项采集指标、线损指标的监控分析以及异常工单派发等工作。

在采集工作方面，孙爱民全力做好采集监控分析：一是锁定采集失败的用户，逐户、逐表、定向分析采集失败的原因，并制定详细的整改方案；二是建立常态化监控机制，采取“一日一统计、一日一分析、一日一核查”的方式，实时监控采集成功率变化情况，发现波动立即安排处理。截至目前，专、公变采集成功率达 100%，低压采集成功率在 99.99% 以上，为公司采集系统提供了有力支撑。

在线损管理方面，孙爱民持续对高损台区日分析、日督办，针对农排、光伏等台区档案不全、参数缺失问题，每周组织集中办公治理；持续完善公司《中低压高负损线路和台区治理操作手册》，指导基层部门有效开展数据异常治理；组织反窃电技术帮扶，开展反窃电专项行动，截至目前，台区线损率 2.25%，较年初降低 0.27%，为公司增加经济效益二百余万元。

回顾孙爱民的工作成长经历，从抄表员到技术骨干，再到后来的公司工匠，告诉我们一个道理，要成长为一名优秀员工、一位公司工匠，第一，要有平常心。工作岗位无高低贵贱，只要怀着一颗“干就要干好”的恒心，“干一行爱一行精一行”的决心，即使在最平凡的岗位上，也能获得大家的认可和尊敬。第二，要有责任心。责任心是干好工作的根本，有责任才能有担当，才能将自己的潜能发挥到极致，进而实现自己的人生目标。第三，要有感恩心。当我们都怀着感恩的心工作生活时，才能达到“激情工作，快乐生活”的境界。“平常心，责任心，感恩心”是对一颗“匠心”最好的诠释。

作者：常雪丹

俯首耕耘自奋蹄　春华秋实硕果奉

——记国网鹤壁供电公司山城供电中心五级职员　李兴华

回首过去，李兴华到鹤壁供电公司参加工作已经近二十九年了，在工作中，他始终以“时时放心不下”的责任感，把“奉献、创新、传承”作为自己的工作使命。

1995 年 7 月，李兴华从郑州电力高等专科学校发电厂及电力系统专业毕业后，到鹤壁供电公司参加工作。他首先在技术性较强的变电工区检修班实习，先后参加了大河涧 35 千伏变电站和高村桥 110 千伏变电站改造工作。俗话说“学以致用”，但是到现场工作时才发现，这些设备内部构造和维修在学校从未接触过，李兴华完全是个“小白”。面对这个问题，他利用一切机会虚心向老师傅学、跟着专业资料学，不断提高自己的专业水平和安全水平，使自己掌握了 10 千伏少油开关的维护和安装工艺，成为当时为数不多能在 110 千伏龙门架上从事高空作业的人员之一。

1996 年 9 月至 2001 年 3 月期间，李兴华先后在冷泉 110 千伏变电站和高村桥 110 千伏变电站从事变电运行值班工作。面对新的工作岗位和新的工作环境，他深知只有认真学习、虚心请教才能成为一名合格的值班员。他向老师傅们请教他们的工作经验，听他们讲工作经历，和他们一起从事倒闸操作、设备巡视、缺陷定级及事故处理等工作，并积极参与变电站典型操作票、反事故预想、事故处理细则和现场运行规程的修编。他在岗位上兢兢业业，从变电运作值班员副职变为正职。当时的变电运行工作是比较枯燥的，两个人一值，没有检修工作的时候，24 小时两个人大眼瞪小眼，但他深知，以目前的学识已不能适应电力系统的快速发展，只有继续学习、不断学习才能让自己不落伍。1996 年，他参加了大专课程的自学考试，并于 1998 年取得了郑州大学电力工程专科毕业合格证。

2001年，“电力市场整顿及优质服务年”活动开始，公司公开招聘“客户经理”，他有幸入选，开始了从事营销客户服务的工作历程。在营销工作期间，他先后从事过电费抄核收、配电网规划、用电检查、线损管理、稽查监控、用电信息管理、“三供一业”改造等工作，在营销多个工作岗位上进行了锻炼，丰富了自己的工作履历，充实了自己的营销知识，锻炼了自己的综合协调能力。先后通过了“装表接电高级工”“抄核收技师”“用电检查技师”等职业技能等级鉴定。所带领的班组先后荣获公司“双文明先进集体”“安全生产先进集体”“青年安全生产示范岗”等数十项荣誉。他先后荣获“优秀共产党员”“鹤壁市技术能手”“公司营销服务专业首席员工”“鹤电之星”“省属国有企业‘三供一业’供电分离移交接收工作突出贡献先进个人”“公司劳动模范”“鹤壁市五一劳动奖章”等荣誉称号。

2018年，李兴华到山城供电中心工作，主要负责营销管理工作。作为主要负责人，他深知自己肩上的担子有多重，仅靠自己一个人是难以完成这项工作的，只有发挥全体员工的积极主动性，才能圆满完成公司交给的各项工作任务。于是他“手把手”向同志们传授自己的工作技巧经验，努力使青年员工做到提笔能写、开口能讲、文策能对、技能过硬、遇事能办，鼓励青年干事创业的决心和热情，与他们面对面谈心谈话，及时帮他们理思路、讲方法、交任务、压担子，有效解决了部分青年员工进入角色较慢、实战能力不足、履职能力不强的短板。同时引导青年员工养成严格工作的要求、锤炼工作的作风，使部门青年员工快速成长为业务骨干，为公司的长远发展提供了有力的人才保障。

疫情期间，李兴华带领山城各个供电所的同事们主动开展设备巡视消缺，全力保障辖区内医院、发热门诊、疫情防控机构和百姓生活的24小时供电。2020年7月的一个凌晨，他接到了淇滨区东杨疫情隔离点负责人打来的求助电话，说隔离点内一排隔离病房供电出现故障，病房内的隔离人员酷暑难耐，而且隔离点内又没有专业的值班电工，急需协助处理。“生命重于泰山、疫情就是命令、防控就是责任、保供就是使命”，接到求助后，他迅速联系庞村供电所值班人员通报了现场故障情况，共同制定了抢修方案，在做好个人防护后带领抢修人员进入隔离点迅速完成了事故处理。

2021 年是不平凡的一年，鹤壁市先后经历了两次极端天气：7 月 21 日，鹤壁市遭遇特大暴雨洪涝灾害，局地出现 1145.4 毫米的降雨量，辖区内 6 个蓄滞洪区全部启用；7 月 31 日，鹤壁市遭遇雷电、暴风雨极端天气侵袭，最大风力一度达到 14 级（淇滨区大赉店镇姬屯村）。双重自然灾害给电力供应造成重大损失，辖区河道内杆塔全部被冲倒，山城区石林镇鹤鸣湖附近村庄配电台区全部被淹，淇滨区大赉店镇大部分配电线路倒杆断线，部分村庄断电、断水、断路。“灾情就是命令”，面对“灾后重建、疫情防控”等多重压力，山城供电中心全体员工迅速开始抢险自救，一是组织供电所员工在确保安全的情况下全面开展设备巡视，统计设备受损情况，制定恢复方案，为下一步抢修工作奠定基础。二是对非水淹停电小区、村庄，梳理上级电源情况，查找排除故障点，集中人员和装备力量开展抢修。三是统筹调配所有发电车、发电机以及营销服务人员逐个小区配置到位，做好保安电源恢复。四是统筹提升供电服务水平，派出台区经理现场办公，加强用电安全宣传，对接客户需求，帮助重要客户有序恢复供电，指导客户提升供电系统抵御灾害的能力。灾后重建期间，李兴华始终坚守在保供一线，以“时时放心不下”的责任感带领员工全力以赴、科学抢修，第一时间恢复受损电力设施、第一时间恢复疫情封控区供电。山城供电中心得到了区委、区政府和社会各界的好评，先后荣获“服务山城高质量发展金奖”“服务鹤山高质量发展金奖”。

在山城供电中心工作的六年，李兴华始终以公司大局为重，以“服务企业营造良好营商环境”为己任，围绕“稳经济、促增长、优服务”9 项举措和“万人助万企”10 项措施，大力推行“三零”“三省”服务，主动跟踪“三个一批”项目建设进度，带头深入企业开展用户大走访；主动跟踪“三个一批”项目建设进度，解决涉电诉求 118 项，客户满意率 100%。全面推行用电服务“电长制”，聚焦 10 个产业集群 39 个重点产业链，带头深入企业开展大走访，做好主动、超前供电服务，实现了“电等企业”服务目标。

在工作之余，李兴华不断潜心钻研，跟着书本学、跟着老师傅学、跟着系统学，积极参加公司组织的各项培训和活动，不断学习新工艺、新技术，以不断提升自己的专业知识水平，解决工作中遇到的各种难题。作为从事电力行业工作近 29 年的职工，他积极在建章立制、规范管理上下功夫，充分发挥专业特长，编写了《鹤壁供电公司营销稽查管理制度》《鹤壁供电公司营销稽查考核办法》《现场稽查工作纪律》，保证了稽查监控过程的穿透力和透明化，使营销管理水平持续改进，营销工作质量持续提升，实现了营销风险全面防控、营销工作质量可控在控能控，提升了公司经营效益和服务形象。他认真总结工作中的经验，结合工作实际，先后发表了《利用全电子表失压记录功能进行电量追补》《电力体制改革后用电检查工作的探析》《习惯性违章的根源及其控制对策的研究》等文章。2023 年，河南省总工会授予他“河南省五一劳动奖章”。

29 年如一日，作为一名共产党员，他将始终牢记“人民电业为人民”的企业宗旨，始终以“时时放心不下”的责任感去守护电网安全、守护万家灯火。

作者：王莹

创新征程上一道靓丽的风景线

——记国网河南经研院能源大数据运营研究中心五级职员兼研究分析室主管　王圆圆

王圆圆，博士，河南省电机工程青年科技人才，郑州市技术标兵，国网河南省电力公司巾帼标兵。

时间如白驹过隙，十年前，王圆圆怀揣着沉甸甸的梦想，博士毕业后回了河南。十年间，见识了主网架从规划到落地的发展，经历了能源大数据从无到有的变迁。从跨行业的数据汇集融合，到内外部用户的需求对接，再到应用设计研发运维。伴随着河南省能源大数据中心的组建，她也从新兵成长为研究分析专业负责人。省大数据发展创新实验室建设，有她的身影。能源大数据标准体系研制应用，有她的汗水。认真负责、兢兢业业，是大家对她的评价。时不我待，只争朝夕，是她对工作的注脚。

研究创新勇争先

河南省能源大数据中心是全国首家启动建设、建成投运的省级能源大数据中心，并率先实现省地一体化运营。按照总部统一工作安排，河南公司牵头编制了省级能源大数据中心顶层设计方案，并开展省地一体化建设运营模式推广。中心建设过程中，面临建管模式不清晰、无据可依、数据融合应用难等难题。

王圆圆积极探索省级能源大数据中心运营模式，形成专题论著，并获国家电网公司软科学成果奖。作为第一完成人，突破多域能源大数据安全融合与智慧决策关键技术，提出多源异构能源数据集成标准规范和融合处理算法，研制了面向“政府、企业、公众”智慧决策、支持决策模型群，开发了涵盖能源运行预警、电力看经济等场景功能的能源数字智慧决策应用系统，并获省科技进步三等奖。

王圆圆还积极参与制定国网公司能源大数据中心数据分类分级工作指南，以团体标准形式印发。牵头研制的《能源大数据 基础 术语》《能源大数据 数据资源 数据资源目录》作为企业标准在国网公司范围内推广，累计研制各类标准17项。业余时间，她勇于自我加压、跳出舒适圈，参加郑州市首届通用数字技能竞赛，上班途中、出差路上、孩子睡后，碎片化的时间都被收集用来备赛，最终从近三千名参赛选手中脱颖而出，荣获郑州市技术标兵称号。

功夫不负有心人，王圆圆还被认定为DCMM数据管理师、咨询工程师（投资），先后荣获全国企业管理现代化创新成果二等奖、河南省科技进步三等奖、河南省发展研究三等奖、国网公司软科学成果三等奖、河南公司职工技术创新成果一等奖、河南公司青年创新创意大赛金奖。

成果推广立新功

王圆圆立足能源大数据研究分析业务主责主业开拓创新，积极推动能源大数据应用市县层面的复用推广。依托省级能源大数据的基础平台和数据资源，设计的地市能源大数据中心功能体系在省内推广，实现成果的快速复用和敏捷发布。目前，河南公司在系统内率先实现省地一体化运营，建设经验在10个试点省份落地应用。18家地市频道全部获得当地政府授权委托，并完成11项标准版功能、46项个性化功能部署。

“圆圆博士，‘十四五’电网规划已全面启动，需尽快研究确定新能源参与电力平衡的原则。”

“没问题！能源大数据中心的新能源场景已全面上线，终于可以一展拳脚啦，一定按时保质完成任务！”

王圆圆之所以如此有把握，是因为她负责研发的新能源场景，已经整合源自于国家可再生能源中心、省能源局、新能源发电企业等在内的新能源实时运行、发展规划、消纳评估全链条数据，并集成了新能源消纳分析计算的系列模型算法，为规划编制提供了翔实的数据支撑和科学可信的算法平台，有效破解了传统“手口相传”“经验为主”的局面。之前半个月才能完成的计算分析报告三天就可以完成，之前需要专人搜集整理的新能源发展月报已实现计算机自动定期生成，大幅提高了研究工作效率。模型被国网新能源云平台采纳，并应用于“十四五”电力规划。场景被评选为国网公司大数据应用优秀成果，并在“数智国网”（数据超市）大数据应用服务平台上架。

此外，王圆圆还创新构建“电—能—碳”模型，首次实现全省域、分行业、分地市月度级碳排放监测分析，监测时效性较传统方法提升 1 年以上。研发的园区碳监管产品在 3 家园区、1 家企业落地，实现数据增值模式新突破。

2024 年上半年，中心迎接工信部、河南省等主要领导专题调研 32 批次，接待中国电科院、国网能研院、冀北公司、湖南公司、广西公司、蒙东公司、西藏公司等兄弟单位调研交流超 400 人次。王凯省长认为“中心建设扎实深入、实用性强，对全省经济运行态势监测分析发挥了重要作用”。

作者：贾一博

至诚匠心，服务万家灯火

——记国网河南营销服务中心（计量中心）现场检验中心专责　郑可

2024年2月，国网河南省电力公司营销服务中心（计量中心）现场检验中心专责郑可喜获2023年国网河南营服中心“劳模”称号，在平凡的岗位上展露光彩，成为广大员工共同学习的榜样。

参加工作12年来，郑可始终秉持着勤奋务实、甘于奉献、勇于创新的态度，历经了营配贯通、优质服务、业扩报装、电能计量等多专业岗位历练，凭借出色的工作业绩，获郑州市五一劳动奖章、省公司青年岗位能手、省公司十佳供电服务之星、开封市公司劳动模范、省公司营销先进个人等荣誉称号。

吃苦耐劳守护电网秤杆子。作为一线员工，郑可承担着河南400多座变电站、300多家电厂计量检验任务，一年365天绝大部分时间在外奔波，足迹遍布全省100多个市县。青豫特高压直流工程是世界第一条专为清洁能源外送而建设的输电大通道，对于保障国家能源安全、促进河南能源转型和节能减排污染治理意义重大。2020年初，新冠疫情来势汹汹，郑可积极参与工程互感器误差试验，在做好疫情防控的同时抢抓项目建设，吃苦在前、冲锋在前、奉献在前，彰显了一名党员的忠诚与担当。

主动热情当好客户贴心人。郑可守初心于使命，立匠心于服务，聚焦解决客户急难愁盼的问题。开封万彩岭风电场是一家新能源企业，电量精准计量事关企业发电上网电费结算，直接关系到企业经营效益。2021年12月，企业发现上网线路电量损耗异常，紧急联系郑可所在单位帮忙解决。郑可第一时间响应企业需求奔赴现场，帮助企业查找并整改问题避免了经济损失，收到了客户的感谢信。

精益求精服务客户立标杆。郑可工作认真细致，服务客户主动热情。主持撰写的《协同推进营配贯通，提升营销服务能力》入围省公司同业对标典型经验，在全省推广应用。主持发布的“管理台区架虹桥，点亮灯火为万家”获省公司供电台区规范化管理经验 QC 发布第 1 名，为优化台区客户服务树立了学习榜样。主要负责的“提升客户投诉综合分析水平”获省质量管理创新成果三等奖，为规范处理复杂客户服务问题，提升服务质量提供了有益借鉴。

潜心钻研优化客户办电体验。郑可认真践行“人民电业为人民”的企业宗旨，潜心电力服务工作。网上国网是公司主要的线上服务 App。在 App 推广应用过程中他虚心听取用户意见建议，作为第一完成人主持开展了“掌电三宝，基于位置定位的掌上电力服务新体验”项目研究，获 2017 年省公司青年创新创意大赛银奖，并代表河南参与国网比赛。项目提出的 OCR 识别免填单、利用位置定位优化服务体验等创新点被国网公司采纳，后期在网上国网 App 中得到应用。

执着创新提升工作质量效率。用电计量事关用户和公司切身利益，必须精准，特别是 10 千伏及以上高压客户用电量大，尤为关键。为了提升作业效率，保障作业安全，郑可研制了“电能表现场检验仪接线快速检测装置”，获 2023 年郑州市职工“五小”创新成果一等奖，被《中国青年网》《中国网》和《郑州日报》宣传报道。

锐意进取提升业务技能本领。好学习、勤思考、爱钻研是郑可的鲜明特点。他在摸爬滚打中练就了一身过硬的本领，成为大家公认的技术能手。曾获省公司供电台区规范化管理技能竞赛获团体一等奖。郑可坚持钻研前沿技术知识，以科技赋能供电服务品质提升。主持获得专利授权 18 项，软著 6 项。

工作十多年来，郑可以实际行动书写着一名基层员工的责任与担当。匠心筑梦，不负韶华，未来郑可将以更优质的服务、更精湛的技术、更务实的作风服务广大电力客户，为美好生活充电，为美丽中国赋能。

作者：贺静涵

以匠心深耕电气试验，以创新促进专业提升

——记国网河南超高压公司变电检修中心电气试验技术优秀专家　赵胜男

赵胜男是国网河南超高压公司变电检修中心电气试验技术专责。2010 年参加工作以来，她不断成长，虽然位置在变、责任在变，但她一路爬坡过坎、攻坚克难、勇挑重担的精神从未改变。曾获得“河南省五一劳动奖章”“河南省技术能手”“河南省电力公司电网工匠”等荣誉称号，2024 年还被评为“河南省劳动模范”。

履职尽责，铸匠心练就本领

作为一名扎根电气试验多年的“熟手”，赵胜男有着过硬的技术功底、丰富的工作经验和解决实际问题的能力。她刻苦钻研，努力进取，不断提升专业技能，长期奋战在工作现场，积累了丰富的现场经验，很快取得了带电检测高级技师、高级工程师等职业资格。

13 年来，她多次作为主要负责人牵头组织开展河南首座 1000 千伏特高压变电站（南阳站）年度检修等省内大型电力设备检修试验工程，保障了工程的顺利投运。她多次参加专业技能竞赛，充分展示了自身的专业实力，两次获得河南省电力公司技能竞赛个人一等奖。2022 年，她成功入选国家电网有限公司青年人才托举工程，是当年全省入选的三名高技能人才之一。

凝心聚力，促业务数字转型

“实验室智能检测线能自动开展绝缘油、水质样品分拣、进样、检测操作、数据远传，检测全过程实现自动化，让工作效率翻倍，真好！”在国网河南超高压公司油气水智慧实验室，赵胜男谈起机器人“油化员”上岗后带来的便捷

体验时，高兴地说道。

作为该公司油气水智慧实验室建设的参与者，赵胜男和同事实地考察了多个机械臂厂家，了解机械臂性能，钻研机械臂如何与实验室设备融为一体，还先后赴西安交通大学、中国科技大学、华中科技大学等多所高校，请教控制系统技术问题。

整个过程，他们反复讨论机械臂的尺寸、形式、材质，为了一个机械臂动作，他们进行数百次的试验，修改无数次的方案。期间，尽管有无数次的挑灯夜战、电话沟通、推翻重来，但赵胜男始终竭尽全力、不言放弃，用坚强和勇毅，顺利推进并圆满完成油气水智慧实验室建设过程中的各项任务。

2023年9月，赵胜男参与建设的全国领先、河南首个全自动“油气水智慧实验室”建成投运，既有效节省了各类资源，又提升了变电设备的检测精准度和效率，确保了河南电网安全稳定运行，为新型电力系统下超特高压设备检测的人工替代和仪器数字化转型，提供了河南经验。2024年3月，在国网公司设备变电专业工作会上，作为检修模式转型和先进工艺工法的典型经验进行了推广。

赵胜男把匠心涵养与公司发展深度融合，凝心聚力，促进试验化验专业的数字化转型。2023年组织开展了全省500千伏及以上电压等级（主干电网）试验专业仪器数字化改造，成为河南省行业内数字化改造领头羊，改造仪器62台次，促进了现场工作方式的变革。

锐意进取，展创新创效活力

赵胜男切实贴近实际工作现场，发现问题、深挖问题、解决问题，以实用实效为导向，真正做到解决现场的痛点、难点、堵点问题，并形成了一系列科研成果，并多次获得地市级及以上科技进步奖，连续6年获得省质协QC成果一等奖。作为主要研究人员研发的超高压变电站狭窄空间组合式作业机械的研究及其应用、带金属封闭罩组合电器设备超高频局放检测技术研究与应用等部分成果经鉴定达到国际领先水平，特高频、光学复合式GIS局放检测技术研究等部分成果经鉴定达到了国内领先水平，极大提升了设备检测水平，提高了现场工作效率。

经过多年的积累，赵胜男目前已获授权发明专利9项，授权实用新型专利38项。作为主要完成人参与编写并出版了《变电设备例行试验操作方法》《变电设备带电检测现场作业方法与诊断技术》等11部技术类书籍。编写并公开发表《基于谐波阻抗的单调谐滤波器在线监测及失谐辨识》等论文17篇，其中核心期刊5篇。

赵胜男始终秉持工匠精神，以匠心深耕电气试验，以创新促进专业提升。坚决保障河南主网安全稳定运行，持续为建设具有中国特色的国际领先能源互联网企业努力奋斗，彰显电力人的责任与担当。

作者：苏亚慧

巾帼绽芳华　建功新时代

——记国网河南超高压公司变电检修中心电气试验工　苏亚慧

苏亚慧，国网河南超高压公司变电检修中心电气试验一班高级作业工，曾获电力行业技术能手、国网河南省电力公司技术能手等荣誉。

沉甸甸的奖项背后，是她无数个日夜的付出和坚守，是对于职责的深刻理解和执着追求。

扎实工作，练就过硬本领

2018年7月，怀揣着对电力行业的憧憬与向往，苏亚慧带着一股韧劲儿开启了自己的电气试验工生涯。在主动承担拧螺丝、搬仪器、举绝缘杆这些体力活的同时，为了快速掌握专业知识，她潜心学习，收工后及时总结工作经验，梳理试验流程，深度钻研原理，持续精益自身专业水平。

参加工作5年，她凭借扎实的专业基础和细致负责的态度，形成南阳站1000千伏开关试验作业指导书，在各项设备验收工作中发现错漏数据近百条，跟踪处理了获东220电流互感器C相末屏放电、花5043断路器C相操动机构碟簧断裂等多项重大缺陷。

开拓进取，优化工作方式

“创新是提高工作效率最有效的手段。”面对繁重的检修任务，苏亚慧勇于挑战，着眼试验过程中的重点、难点、盲点，及时调整工作思维，深挖根源，力求以更务实高效的方式优化现场工作。

针对试验报告录入不及时的问题，她积极参与移动App的开发，结合工作实际需求，优化试验报告模板，配合完成设备管理数字化修试体系的构建，实现了试验数据的实时传输。聚焦断路器试验三相逐相测量的问题，她与团队小伙伴一起，完成基于 GPS 秒脉冲向量信号同步技术的断路器速度特性无线测量装置的开发，实现了断路器速度特性的无线化、三相同时测量，有效提高了现场速度特性测量效率和准确性。

圆梦赛场，绽放巾帼芳华

“面对顺境处之淡然，面对逆境处之泰然。”苏亚慧充分发挥自身优势，不断进行自我赋能、自我增值、自我蓄力，在 2023 年青年培训师教学技能竞赛的舞台上大放异彩。

不同于专业技能竞赛，培训师教学技能竞赛更多考查的是个人的综合素养，不仅要求具备扎实的基础知识，考查选手的表达能力和展现能力，新赛制的变动，更是对专业素养提出了更高的要求。

面对挑战，苏亚慧勇往直前，争分夺秒背理论，虚心听取意见，反复调整授课内容，在剖析中重建、在实战中淬炼、在反思中提升，最终在省公司竞赛中勇夺第一名，助力公司获得了团体一等奖，实现公司“双一”新突破。在接下来省公司集训的过程中，苏亚慧以积极进取的心态，不断突破自我，最终经过层层筛选，代表省公司参加中电联第四届青年培训师教学技能竞赛并取得了个人二等奖的好成绩。

在历练中沉淀，在厚积中薄发，苏亚慧自参加工作以来，扎实开展检修试验工作，孜孜不倦、精益求精；勇于创新创造，在不同专业思维碰撞间抓住创新点，促进高效生产；甘于奉献担当，用满腔热忱和坚忍不拔的毅力勤学苦干、锐意进取。以细心、细致、细节和扎实、踏实、务实的工作作风，在平凡的岗位上做不平凡的贡献，绽放巾帼芳华。

作者：赵胜男

初心不改　担当作为

——记国网河南直流中心省公司高级专家（二级）王海龙

王海龙，2009年参加工作，现在是国网河南省电力公司直流中心检修中心一次专责，曾获郑州市“劳动模范”“五一劳动奖章”“技术状元”，以及国网河南直流中心、检修公司“劳动模范”等荣誉称号，获得国家电网公司、国网河南省电力公司等各级别创新奖项16项，2022年获聘国网河南省电力公司高级技能专家，2023年6月当选河南省工会第十六次代表大会代表，2024年6月获聘国家电网公司直流技术中心技术专家组换流阀及阀控系统专家。

参加工作15年以来，王海龙一直以奋斗者的形象活跃在特高压电网运检一线，他所在的直流中心，是省内专业的特高压输电工程运检机构，肩负外电入豫的重任，运维资产近200亿元，全年交直流通道输送电量超700亿度，占河南省总用电量的1/5，为现代化河南建设、能源清洁低碳转型、促进黄河流域生态保护提供了重要的能源保障。他说，在这里一直都有一群和他一样的人，为了心中的梦想和特高压电网的发展而不断奋斗，能在这样的平台获得成长、为社会发展作出贡献是非常幸运和光荣的一件事情。

谈起刚进入电力行业的时候，王海龙经常会回忆起那段在单位“打杂”后来对他职业生涯影响颇深的宝贵经历。用他的话讲，刚参加工作的时候，懂的不多、会的更少，主要承担贴发票、发传真以及在银川东换流站的控制室里清理灰尘等简单的工作。特别是清理灰尘的经历，让他感触颇深。西北风沙大，每天交班前，都要完成室内桌椅、电脑键盘以及绿植上灰尘的清理，他刚开始干的时候，内心比较烦躁，相当不服气，认为自己应该从事更为重要的工作，觉得这些工作都太容易了，没太大意思。

随着工作经历的不断积累，回头看看，这些看似简单的工作真正做好了也不容易，这些也让王海龙受益良多，为他在职业上的快速成长奠定了基础，现在拥有的耐心和细致很大程度上都来自于他当年擦桌椅、擦树叶等打扫卫生的经历。后来，他在负责换流变压器、换流阀、电抗器等专业的时候，每进入一个领域，他都能够很快静下心来，认真学习，深入钻研。简单普通的事情做好了，涓涓细流终成江海，所有用心的努力和付出终将得到丰厚的回报。

王海龙时常讲，实际工作中，掌握设备的状态、特性以及检修试验方法，这些都是做好工作、守护好设备的重要基础。技术技能的获得，靠的是积累和研究，这很考验一个人的心性，如果没有兴趣，做起来就很困难，要尝试培养对专业的兴趣和对技术工作的热情。

对于能够从事特高压和直流输电事业，王海龙感觉非常幸运，因为他的个人兴趣恰巧也在这里。谈到兴趣，他经常和年轻的同事们分享自己的故事。在读小学的时候，他在路上捡到过一本书，书名已经忘记了，内容依稀记得是关于电磁场方面的。20 世纪 90 年代初，小孩子放学后生活是很乏味的，没事做的时候，他就会不断地翻看这本书，据他讲，书里的字都认识，具体讲的什么其实是看不明白的。然而就是这样不明不白地看了两三年，却在无形中培养了他对物理的浓厚兴趣，读书的时候也选择了与之相关的专业，后来又找了与之相关的工作，一路走过来，没有觉得特别辛苦，因为自己的兴趣就在这里。

王海龙说这个幸运他可以有，大家也可以有，因为兴趣这个东西是可以培养的，多接触多研究，慢慢地里面的乐趣就发掘出来了。有人可能说，半路出家，兴趣培养起来比较困难，但是有时候越是半路出家，后劲越大，就像很多四十多岁的钓鱼爱好者，上瘾之后便一发不可收拾。

工作中会遇到很多困难，来自工作的挑战从来不会让王海龙觉得担忧，他说我们需要做的其实就是不断地发现问题，然后不断地解决问题，要用发展的眼光看问题。一项工作十年前的做法是不是还能适应现在的要求，随着技术的进步有没有更优的解决方案，都是值得我们思考的。

参加工作以来，针对工作中的难点和痛点问题，王海龙和同事们研制了多项运检技术装备，均取得了很好的效果，解决了现场存在的问题，同时也收获了多项创新奖项，其中省公司和国网公司级别的创新奖项总数达到 16 项。他一直有一个信念，工作中的困难，特别是技术方面的，只要沉下心去研究，踏踏实实地努力和一如既往地坚持，终将会收获不一样的结果。

虽然在工作中取得了非常耀眼的成绩，但这些并没有让王海龙迷失自我。他经常告诫自己，工作时间长了，都会取得一定的成绩，要能够正确地认识自己，保持内心的平静和敬畏是非常重要的。不能有点进步就飘飘然，必须低调内敛。只有慎终如始，我们才能做好运检工作，为设备稳定运行保驾护航。

作为劳动模范，王海龙也在不断激励自己，在工作中要主动迎接新挑战，为广大青年员工树好榜样，促进青年员工共同成长，立足特高压运检和外电入豫保障，为建设河南和郑州经济社会发展做出电力人应有的贡献。

作者：蒋英爽

立足岗位守初心　匠心筑梦树榜样

——记国网河南直流中心直流检修中心五级职员　王闪雷

他叫王闪雷，是国网河南直流中心直流检修中心的五级职员，自 2013 年参加工作以来，他已在特高压最前沿的战线上奋战了 11 年，其间辗转四川、河南两地，亲身参与宜宾、豫南两站建设和锦屏、复龙、中州三站运维，从西南到中原，用足迹丈量出了一张横跨西东的“特高压电网地图”。

一路走来，他时刻怀揣一颗爱岗敬业、无私奉献的赤子之心，默默传承和发扬劳模精神，用实际行动诠释了特高压人的责任担当，为前赴后继的特高压青年作出了榜样。

奉献来自于他内心的执着。2013 年，研究生毕业后的王闪雷入职宜宾管理处，刚入职那会儿，他经常向老员工打听每个专业的特点，想在日后选个适合自己的专业，在自己喜欢的岗位上发光发热，听到的答案都是直流控保逻辑非常复杂，难上手、难学懂、难出师，那时候“挑战换流站核心技术的种子”就在他的心中深深埋下了，但那时候还未分专业，只是内心有这个想法，真正让他坚定选择直流控保专业的原因还是要从锦屏站二次班长维修阀厅作业车的事说起：2014 年年度检修接近尾声，阀厅作业车在开出阀厅时突然故障，此时距离汇报完工仅剩 8 小时（厂家远在湖南无法及时抵达），从管理处领导到站领导都焦急难耐，二次班长此时拿出车辆控制回路图纸，一通检查维修后车子启动了，旁站的领导、同事无不竖起大拇指，此刻他内心已经决定必选二次班攻坚直流控保专业，目标就是要感受这份来自一线岗位的自豪和荣耀。后来他如愿以偿入围控保班组，开启了他的直流控保生涯。入职的头三年是一个新员工成长的关键期，在这三年里，他主动拜多位前辈为师，做到嘴勤、眼勤、腿勤、手勤，白天在检修现场干活时带着小本子，不懂的地方抽空记下，晚上再查书籍、翻图纸，几乎每个周末他不是在研究二次图纸、典型案例，就是在跟踪现场、查找缺陷。工作两年后他就翻遍了宜宾管理处所辖三座换流站的二次图纸，编制了《宜宾管理处单间隔检修二次安措汇编》（现在仍在使用）。通过干中学、学中干，他快速提高技能，工作仅1年就独挑大梁，负责管理处三站年检二次安措制定，直到2019年离开宜宾。

奉献来自于他干成事的决心。2019年之前，王闪雷和家人一直两地分居，这下终于回到老家了，想着可以享受一家人在一起的快乐了，没承想还未跟家人团聚片刻，豫南站建站的号角又已吹响。受换流站属地化影响，前期运行公司对豫南站员工储备不足，缺乏有直流运检经验的骨干。筹备初期仅23名员工，其中具有两年及以上工作经验的只有6人，而豫南站又是一个合建站，他深知压力责任巨大，当领导让他负责前期筹建的时候，他的内心是无比纠结的。一面是好不容易团聚的家人，一面是国家大力推动特高压建设的集结号，让他一时间难以抉择，但是作为为数不多的有建站经验的老职工，在此种情况下，他深知自己必须得顶上去。10月份他便带领首批23名职工毅然决然离开中州站，奔赴驻马店，从设联会到现场设备跟踪，他身兼数职，既负责擅长的直流控保专业，又带领兄弟姐妹学习土建、消防等非擅长领域知识，因为一线工作经历丰富的他明白，专业不强就没有发言权，还要被建设单位牵着鼻子走，工程质量等方方面面都难以得到可靠保障，这会给特高压站后期生产运维造成很大的压力。在跟厂家、施工、设计、物资等单位的数次斗智斗勇中，王闪雷带领的年轻队伍的技术水平在飞速提升，同时也积累了丰富的斗争经验，这些单位再也不敢在他们面前侥幸应付、滥竽充数了。双极低端投运之际恰逢新冠疫情，施工现场停摆，工期了耽误2个月，“6・30”投运的关门时间已定死，调试验收工期不断压缩，一连串的挑战摆在眼前。此刻他又深感责任重大，也深知这段时间跟踪验收调试的意义重大，作为这支年轻队伍的主心骨，他决不能后退，必须勇毅前行，他曾连续15天早7点到次日凌晨3点循环，为的就是不留隐患、全面验证。经过这4年的带功率验证，豫南站设备运行平稳，这也是对王闪雷他们这支年轻队伍辛苦付出的回报，他们干成了，曾经所有的付出都是值得的。

奉献来自于他的“家庭”支持。这里的“家庭”支持，不仅指“小家”的辛勤付出，更有直流中心这个“大家庭”的支持与鼓励。豫南站建设期间恰逢三年新冠疫情，为尽快掌握现场设备的安装情况，2020年春节，王闪雷先是作为应急支援预备队在电专封闭51天，封闭结束后作为第一批复工复产人员赴现场坚守83天，其间媳妇和小孩在老家，直到豫南站投运他才回家见到他们，彼时小孩都对王闪雷有些陌生，他心里的愧疚感无以言表。每次和家人视频通话，听到最多的一句就是“放心吧，家里有我呢，注意身体。”正是家人的默默付出才换来王闪雷心无旁骛地工作，家人的支持为他的锐意攻坚、不断进取撑起了一道又一道屏障。同时直流中心“大家庭”对于王闪雷这样的建站先行者，更是格外地关心和支持，领导的慰问与鼓励、站部“家文化”氛围的营造、疫情期间志愿者的无私帮助，特别是给家人寄送的暖心卡片、生日蛋糕、鲜花等礼物，替他们解决了后顾之忧，真正做到了让奋斗者无忧，为担当者担当，让大家有获得感、幸福感和归属感。奋斗的道路是孤独的，但正是有了“家庭”的关爱，才不会让他们感到孤单。

青春做伴赴考场，滔滔后浪逐前浪。希望各位青年能够像王闪雷同志那样，只争朝夕，不负韶华，做一个兢兢业业、尽职尽责的劳动者。期待在未来的时间里，能听到、能看到、能见证更多的王闪雷在直流中心一个又一个地扬帆起航、乘风破浪，书写更多丰富的长江后浪推前浪的传奇故事。

作者：蒋英爽

以电力之光　筑“匠人”之魂

——记国网河南直流中心特高压豫南换流变电站值长　祝静

在生产一线，有那么一群人，他们用自己的辛勤劳动谱写着动人的赞歌，他们身上的工匠精神在平凡的岗位上迸发出不平凡的光芒。

豫南换流变电站的建设和稳定运行是一条爬坡过坎、攻坚克难的长久道路。奉献自己的青春，举起火炬甘作引路人，点亮千家万户烁烁灯火，这就是祝敬，源深而望流之远，根固而求木之长。现任豫南站运维班值长的他以持之以恒、精益求精的工匠精神在平凡的岗位上坚守初心，铸就不凡。

脚踏实地　勇攀高峰做表率

祝敬自 2018 年毕业以来，先后在中州站、豫南站从事运行维护工作。从国内首条“双八百”换流站，到国内首条输送清洁能源的“四同”特高压交直流合建站，6 年的一线工作中他兢兢业业、吃苦耐劳，练就了一身精湛的专业运维技能，用自己的点滴努力不断践行着“努力超越，追求卓越”的优秀品质。

作为华夏儿女，祝敬早已把迎难而上刻进了自己的骨子里。到改革开放后，人们很快意识到时代机遇的来临。从中国极具影响力的民营跨国公司，到中国最大的养畜业基地，不仅掀起了民营经济浪潮，还在互联网催化下，掀起了席卷全国乃至世界的电商浪潮和数字经济浪潮。

但是，经济的发展必然伴随着可靠的电力保障，人们必须改变它的命运，才能将这片土地打造成光耀中原的模样。而其中最负盛名的创造，莫过于豫南站的建设。

大潮涌动之下，2019 年 10 月，祝敬来到驻马店参与豫南换流站的建设，从此开始了他的建站工作。一年多的建站经历，祝敬感慨良多：“在建站工作期间，苦和累是必然的，但踏上这片土地，望着空旷的待建区，一种使命感就油然而生！”

甘于奉献　无惧艰难挑大梁

祝敬刚过而立之年，鬑鬑颇有须，平日低着头，看不太清表情，灯光斜照过去，勾勒出男人线条坚硬的半张脸，眉毛略浓，一眼望去一副“书生”模样。然而正是这个“书生”挑起了大梁，带领一帮“学生兵”，为豫南站建站到调试期间生产准备和运行工作作出了巨大贡献，确保了青豫直流顺利投产并安全运行。

在新冠疫情最严重时，同事询问祝敬是否能到郑州隔离，尽快恢复工作。祝敬和他的父亲对视一眼同时点头，决定启程，当时整个县城都已停摆，他的父亲作为一名退伍战士和老党员，立刻借了一辆摩托车冒着刺骨的寒风驱车送祝敬去百里之外的高铁站。至今，祝敬还记得刀子一般的风吹到眼睛里没有把眼泪吹出来，回头看向父亲顶着寒风回去的背影，已然泪流满面。“读万卷书不如行万里路，年轻人就应该走遍祖国大好山水，在广阔天地中仗剑驰骋，去建功立业！”父亲的话让祝敬深受鼓舞，牢记在心。

“博观而约取，厚积而薄发。”平日里勤恳工作的点滴积累，练就了祝敬过硬的本领。在做离线油色谱发现极Ⅰ低端星接C相换流变2.2套管升高座乙炔含量突增，祝敬当机立断向调度申请将极Ⅰ低端换流器停运，避免了事故进一步扩大化。

“你们在那么偏僻的地方，周围都是一望无垠的田地，连个超市都没有，不觉得很艰苦吗？”身边的朋友曾这样问祝敬。

“我也思考过，夏天高温、蚊子特别多，冬季极端低温甚至达零下10℃，但看着豫南站从规划、建设到调试、投运，看着千里之外的青海风光照亮中原大地，那一刻我是无与伦比的自豪，曾经的付出、别人的疑惑都不重要了。”祝敬说起过往眼睛里闪闪发光。

到这里，当祝敬回想豫南站最初的样子，不得不感叹光明并不是与生俱来的。6年来，这座城市几经跌宕起伏，在原本饱受山海淬炼的土地上脱胎换骨，书写了自己的乐章。

从此，根根银线是他的美丽，台台设备是他的风骨，滚滚潮流是他的灵魂，祝敬和大家共同创造了这里的银甲旌绿，而这些银甲旌绿又让大家拥有了一个璀璨明珠。最终，这些电力人用300亩奇景画了一幅绿电图，用一轮又一轮的岁月造了一座特高压，而这才是真正的豫南。

言传身教　授业解惑育新人

“每一个新员工在入职的时候都对未来充满了希望，他们有干事创业的热情，我们要用心去培养。”祝敬常这么说。自豫南站土建阶段开始，祝敬就全程参与生产准备和培训教学等工作。他积极响应“三型人才”工程号召，努力充电、勤于钻研，始终保持着“空杯”心态，积极提升自我，斩获市级竞赛状元，被评为华中电网岗位能手。他要求新员工每周都写学习小结，把自己的收获记录下来，并带领团队编制了《豫南站五防手册》《豫南站负荷清册》《豫南站操作手册》等多本培训教材，为培训青年员工打下了坚实基础。

工作之余，祝敬曾多次组织面向青年职工的理论基础、隐患排查、应急处置等培训课程，年度检修期间充分利用工作现场，以“以学促干”“在干中学”为原则，言传身教，详细讲解工作任务重点难点，助力青年员工在实践中快速提升专业知识技能水平，将自身所学倾囊相授，引导青年职工迅速成长成才，为特高压人才梯队形成打下了坚实基础。

“能碰到这么有责任心的师傅，我们真的很幸运。没有师父，就没有我今天的成绩。”他带过的徒弟提起他时，总是如此感慨。

这是个追求梦想的时代，每个人都有追梦的舞台。祝敬虽然没做过惊天动地的大事，但他怀揣梦想在自己平凡的岗位上放飞希望，谱写绚丽多彩的人生乐章。他是公司众多员工中普通的一员，他们都是光明的使者，都把自己最好的青春献给了“最亮的事业”。

作者：蒋英爽

聚焦三个关键当好“三种人”

——记国网河南直流中心灵宝换流站站长、党支部副书记　吕拦坡

吕拦坡，男，中共党员，高级工程师，现任国网河南省电力公司直流中心灵宝换流站站长、党支部副书记。从初出茅庐的大学生到国网劳模，从检修二次工作班成员到灵宝换流站站长，踏入电力行业的二十年间，吕拦坡始终为直流事业不懈耕耘，高级工程师、省公司优秀共产党员、省公司继电保护竞赛先进个人、省公司运维检修先进个人……一个个荣誉，拓印下他不忘初心、砥砺奋进的足迹。

“安全如何保障？人才如何培养？队伍怎么管理……”作为灵宝换流站站长，吕拦坡带着这些问题，聚焦关键人、关键事、关键问题，扮演好三种角色，把责任扛在肩上，把安全牢记心中，探索精益管理“最优解”，发挥参与决策、监督协作、桥梁纽带和模范带头的作用，安全高效组织完成年度检修、防疫防汛期间驻站值守等急难险重任务，不断推动中心高质量发展走深走实。

安全稳定“护航人”　做好“关键事”，抓安全作表率

我们累计组织完成技改项目 40 项，大修项目 26 项，其中 020B 换流变轮换检修工作获得国网公司通报表扬……在疫情防控、换流变轮换修复、年度检修、防汛保电等关键时期，吕拦坡身先士卒，每个工作环节都坚持最高标准、最严要求、最实作风，认真履行“一岗双责”，团结带领灵宝站全体同事坚持“一盘棋”思维，连续封闭驻站坚守岗位，持续深化安全风险管控，全面加强作业现场管理，坚持科技创新与提高运检工作效率、提升设备健康水平相促进。面对豫南地区罕见“电荒”，组织编制现场处置方案 30 册，制定 25 条差异化运维策略，编制设备重点运行参数 85 项，圆满完成灵宝站首次功率反转操作，迁

回支援豫南地区电量 2.71 亿千瓦时。

二十年扎根一线，使他练就“草摇叶响知鹿过、松风一起知虎来”的见微知著能力。他组织站内人员利用负荷日志、在线监测系统、定期维护等开展“日比对，周分析，月总结”，及时发现并高效处置 022FQ 换流阀光纤故障、5642 电容器不平衡告警等重大设备隐患、缺陷，有效保障了灵宝站和外电入豫通道的安全稳定运行，实现安全稳定运行近 7000 天，带领灵宝换流站荣获国网公司、省公司“工人先锋号”称号，擦亮“精益运检”金名片。

队伍提升“助力人” 抓住“关键人”，育人才增活力

“功以才成，业由才广。”吕拦坡深知这一道理。他认真贯彻执行国网公司全业务核心班组建设要求，以培养出精业务、会管理的专家型人才为目标，积极带动员工开展技术创新研发和交流活动，坚持运维一体化专业融合、协同发展。“过硬本领不会从天而降，铁肩膀是压出来的、磨出来的，硬本领是干出来的、拼出来的。”他时常向青年员工强调。本着“实践蕴藏真知，技能来自现场”的培养理念，他为青年员工“把准脉”抓住特点、“开准方”量身定制成长方案，稳步搭建“目标—计划—措施—考核—改进”的培训体系，精准制定个人学习计划和阶段性目标，开创青工培训大讲堂，建立培训日报制度、缺陷日分析制度、定期汇报总结制度，充分用好直流中心高压实训室、核心设备实验室等“试验田”，开展断路器、套管等 5 类设备 20 项例行试验、15 类故障诊断及运维重点项目培训，立足年度检修、重大消缺现场实战练兵，把课堂搬到现场、厂家，通过“传帮带”打造出“技术状元”、省公司高级专家为代表的一批“技术精湛”生力军。

职工信赖“娘家人” 找准“关键问题”，广纳言多沟通

“把情况摸清、把问题找准、把对策提实。”这就是吕拦坡的工作法则。作为灵宝站工会主席，他一直重视为基层办实事解难题，以“服务一线”为总指挥棒，坚持“调研前移，狠抓落实”，主动倾听职工的需求和呼声，确保第一时间了解和掌握职工关切的诉求，根据职工建议“找规律、查问题、想办法”，理

出一系列服务一线的新路子、新方法，让每一项“对策”都能够“对路”。

吕拦坡既是灵宝换流站的“大家长”，也是基层班组的“倾听者”，针对青年员工思想活跃这个“第六大风险”，建立健全青年员工意见反馈途径，把调查、研究和沟通作为工作重心，以谈心谈话、组织活动等多种形式了解青年员工所想、所思、所困，及时为遇到成长困惑的青年员工做好“心理按摩”，着力在站内职工中搭成“一架梯”、拧成“一股劲”、架起“一座桥”，真正将大家的急难愁盼解决好、服务好，亲而有度、清而有为，维护员工的切身利益和队伍的整体稳定，构建“亲清关系”新范式。

二十年的前进路上，有平川也有高山，有丽日也有风雨，吕拦坡用敬业和实干诠释了对“运维好特高压电网”的那一份初心和使命，体现在一言一行，贯穿于方方面面，既“拿事当事、认真较真”，又“躬身入局、用心做事”，坚持打通决策部署贯彻落实的“最先一公里”和“最后一公里”，把似水的韶华印在直流事业中，让无悔的青春写进奋斗日记里，奋楫在特高压运检的一线追光，一步一个脚印解锁着新的角色，书写着铿锵的直流篇章。

作者：蒋英爽

择一业终一生，不为繁华易初心

——记国网河南信通公司网络安全中心生产技能类一级优秀专家　李丁丁

李丁丁，国网河南信通公司网络安全生产技能类一级优秀专家，是国家电网有限公司首批网络安全蓝队作战指挥官。同事眼中的他，一丝不苟，多年来一直奋战在守护电网网络安全的一线，是网络态势研判、作战指挥的行家里手，曾获得河南省劳动模范、河南省五一劳动奖章、河南省技术能手、国网公司技术能手等多个荣誉称号。

扎根一线　铸就传奇网安尖兵

2010 年，刚走出大学校园的李丁丁入职安阳县供电公司，他从基层办公终端维修、线缆制作等信息化基础工作做起，在领导、同事眼中，他任劳任怨、主动担当，把每件不起眼的工作都细致认真完成；在师傅眼中，他勤学好问、善于思考，每一项工作中遇到的技术问题都要搞清楚弄明白，工作笔记写满了一本又一本。在 2016 年迎接国网公司网络安全竞赛的封闭集训期间，李丁丁在自己婚礼前一天下午才请假赶回家，婚礼后第二天又赶回集训场地，在奋力拼搏下，首次参加网络竞赛的他就为省公司争得第三名的好成绩。

2019 年，李丁丁来到国网河南信通公司工作。坚持多年对技能的不断磨练以及在专业领域的深耕，使他迅速成长为公司网络安全专业技能第一人。他出色完成省公司级网络安全分析室、海量智慧物联终端安全接入体系建设等重大攻关工作，20 余次支撑国家部委及河南省政府网络安全专项任务，多次参加重大活动及国家级保障演习并圆满完成保障任务。2021 年某重大网络安全演习活动保障期间，深夜的国网河南信通公司办公楼灯火通明，这里是全省网络安全联动防守的保障指挥部。担负着网络安全作战指挥重任的李丁丁已经带领团队奋战多日，白天，他们要聚精会神监控处置好来自互联网的网络攻击，夜晚，他们要处理好内部的风险预警，复盘总结好当天的防守工作，凌晨，结束一天保障工作的李丁丁还在思考总结着防守技战法。就是这样不舍昼夜地付出，李丁丁在保障期间不仅保证了信息系统的安全平稳运行，而且创新总结了利用蜜罐技术主动诱捕黑客的特殊技战法，挖掘了防火墙“零日漏洞”解决了设备安全隐患，得到国网总部及有关部委的高度肯定。

多年来，李丁丁带领团队已累计监测处置网络攻击 3500 万余次，挖掘治理电力信息系统漏洞 1000 余个，成功溯源反制“毒云藤”等 50 余个黑客组织；编制供应链安全、黑客主动诱捕、加密安全认证等 7 篇防御典型战法，3 篇纳入公安部典型案例库并在全国跨行业推广；团队多次收到公安部、国资委、国网总部等各级表扬信及感谢信，为守护国家网络安全贡献河南力量。

技术引领　打造网安创新高地

作为生产技能优秀专家，李丁丁还是能源互联网数据安全及技防体系研究重点科技攻关团队的常务负责人，他带领团队牵头开展了 10 余项行业技术创新攻关工作，确保专业时刻走在行业前列。

2022 年国家网络安全专项演习期间，李丁丁带领团队自研了业务仿真型高交互蜜罐，创新使用了远程控制程序与蜜罐技术结合的防守技战法，对网络攻击者布下了“天罗地网”，经过日夜坚守，成功挫败了企图对国网河南电力发动网络攻击的黑客行为，并完整溯源到发动攻击的黑客个人信息及所属组织，有力保障了国网河南电力网络安全。这一成果受到国网总部及有关部委的高度肯定。

李丁丁总是对他的安全团队强调创新的重要性，他说：“网络空间是看不见摸不着的数字隐形战场，要时刻保卫好公司网络安全，就需要用技术和创新来应对各种网络安全威胁，与网络攻击者开展技术和智慧的较量。”

在这种创新精神的引领下，李丁丁带领团队不断取得创新成果：首创网络攻击溯源系统，自动化实现网络攻击定位、情报搜集及溯源反制，使企业级网络攻击溯源效率得到质的飞跃；能源行业首家自主开展新一代安全接入网关双负载池化架构改造，实现营销、设备、安全等专业 20 余万台物联终端的安全稳定接入，接入性能提升 90%；带领团队自研统一运行监控平台，成功实现运行安全线上一张图；成功申报国家重点研发计划课题“元宇宙应用场景与服务国际标准研制”，实现国网河南电力国家重点研发计划标准化科研课题零的突破；开展网络安全自主可控装备测试工作，填补国网公司网络安全自主可控装备应用测试领域空白。

薪火相传　专业专注培育网安人才

“要应对互联网空间的海量攻击和变幻莫测的安全环境，依靠单打独斗是不行的。我在网络安全工作中的成果是依靠团队共同奋斗换来的。”李丁丁如是说，“依靠团队，反哺团队，做好传帮带”带领团队共同进步是李丁丁一直以来坚持的信念。多年来，李丁丁带领团队取得了诸多成绩，为公司网安专业培育了一批优秀人才：入职 5 年的李帅已获得河南省技术能手、国网技术能手等称号，入选国网青年人才托举工程，参加省职业技能竞赛荣获第一名，获得多项省部级以上竞赛奖项。团队里的“95 后”焦琪迪年轻而不简单，入职 2 年已获得国网技术能手称号。“李丁丁不仅在专业技术上是我们团队中的顶尖，他以身作则、言传身教，对团队形成良好技术氛围、共同进步提供了很大帮助，起到了模范带头的作用。”两名年轻同事如此评价李丁丁。

在团队建设和人才培养方面，李丁丁组建首个国网河南电力网络安全防御技术研究重点实验室及科技攻关团队，带领团队荣获河南省青年文明号等 3 项省部级荣誉称号，团队成员获河南省五一劳动奖章、河南省技术能手、河南省青年岗位能手、国网技术能手等省部级以上人才称号 20 余项，网安专业高级别人才荣誉称号数量位居国网前列。他带领团队成功申报国家级、国网公司级等各类科技项目 10 余项，累计发表高级别论文 50 余篇、出版书籍 5 部、申请专利 50 余项，参编国标、行标及企标 7 项，获各级科技创新奖项 10 余项，打造网络安全科技创新高地。他首创省级网络安全蓝队实训能力体系，组织全省蓝队线上解题 214 次，参加国网公司、省公司等各级网络安全授课 200 余次，带领全省蓝队成员参加各级别网络安全专业竞赛，累计获得各级竞赛奖项 30 余项，带领网络安全队伍练就了铁的本领。

作者：冯磊

守望初心勇担当

——记国网河南技培中心培训师　杨明坤

杨明坤，国网河南技培中心培训师，负责输配电线路、无人机、电力电缆等专业。

怀揣梦想“向前”走

2015年入职时，他是一名懵懵懂懂的新手，和所有人一样，都怀揣着对职业生涯的美好梦想，小心翼翼地向前走。

作为徒弟，杨明坤跟随师傅丰富理论知识和专业技能，下现场跟随各地市公司的专业大牛学习生产实践，跟着师傅作为辅助教练，参与到各级各层面的竞赛活动中。经过9年时间的学习和发展，杨明坤已经可以在专业上独当一面，每年独立完成公司相关专业十余期培训班的组织策划和授课，独立完成国网河南省电力公司的重点培训项目开发，独立完成各级各层面的竞赛组织和实施工作，独立完成相关专业的初中高级工、技师的技能等级评价工作。

脚踏实地“向下”迈

为了提升授课能力，杨明坤多次参加国网公司、中电联、河南公司以及国网河南技培中心组织的培训师教学技能竞赛、培训安全第一课技能竞赛、微课制作等活动，锤炼授课技能，丰富授课经验、提升授课技巧。为了提升专业技能，他多次参加输配电专业的各种技能竞赛，补齐专业上的短板，积累实战经验，锤炼坚强意志。在2023年，杨明坤参加河南省人社厅举办的中华人民共和国第二届职业技能大赛河南省选拔赛，在电力系统运营与维护专业获得金牌。

在课堂上，从笨手笨脚到驾轻就熟，在专业上，从力不从心到游刃有余。

杨明坤脚踏实地，一步一个脚印，他厚积薄发，先后荣获河南省技术能手、国网河南省电力公司优秀共产党员、中电联电力行业优秀技能选手、国网河南技培中心劳动模范等荣誉称号。

立足岗位“向上”攀

近几年，随着技术的发展，无人机作为新技术，已经逐步应用到电网的运维工作中。2017 年，杨明坤外出参加无人机培训，通过一个月的努力，取得民航局民用无人驾驶航天器操控员执照。返回后，第一次在全省系统内开展了无人机普及应用培训班，来自 18 家地市公司的参培学员共 60 人，本次培训为全省无人机巡检业务的开展播下了种子，奠定了基础。2024 年，杨明坤已经为公司输、变、配电专业培养飞手 1500 余人，公司每年常态化开展无人机的取、复证培训，无人机新技术应用及技能提升培训。担任国网公司及其他网省公司无人机巡检技能竞赛裁判工作，作为主教练多次组织队员代表河南公司参加国网公司无人机技能竞赛，作为负责人组织省内无人机巡检技能竞赛，指导省内不同地市公司举办竞赛。

杨明坤立足岗位，深耕无人机专业，作为主编出版发行无人机专业书籍 2 本，获得无人机专业相关专利 3 项，发表论文 2 篇。

青年有担当，电力有希望，经过 9 年的沉淀，杨明坤从旁观者、参与者，到组织者、领跑者，现已逐步成长为一名骨干培训师。

作者：姚瑶